双循环背景下煤炭企业转型发展研究

刘建慧　赵贺娇　李伟◎著

中国商业出版社

图书在版编目（CIP）数据

双循环背景下煤炭企业转型发展研究 / 刘建慧，赵贺娇，李伟著 . -- 北京 ：中国商业出版社，2024. 10.

ISBN 978-7-5208-3225-0

Ⅰ . F426. 21

中国国家版本馆 CIP 数据核字第 2024WL8635 号

责任编辑：许启民

策划编辑：武维胜

中国商业出版社出版发行

（www. zgsycb. com　100053　北京广安门内报国寺 1 号）

总编室：010-63180647　编辑室：010-83128926

发行部：010-83120835/8286

新华书店经销

北京厚诚则铭印刷科技有限公司印刷

*

710 毫米 ×1000 毫米　16 开　9.75 印张　185 千字

2024 年 10 月第 1 版　2024 年 10 月第 1 次印刷

定价：68.00 元

* * * *

（如有印装质量问题可更换）

前言

加快构建以国内大循环为主体、国内国际双循环相互促进的新发展格局，是以习近平同志为核心的党中央着眼于实现第二个百年奋斗目标，统筹中华民族伟大复兴战略全局和世界百年未有之大变局，根据我国发展阶段、环境、条件变化作出的重大战略决策，是一项关系我国发展全局的重大战略任务，需要从历史和全局的高度准确把握并积极推进。

随着世界经济的发展和工业化进程的加快，煤炭资源作为基础能源被频繁使用，煤炭产业的发展在一定程度上造成了碳排放的增加和环境污染问题的日益加剧。作为全球最大的新兴经济体，中国是煤炭资源非常丰富的国家之一，具有较大规模的煤炭产业，国内煤炭消费造成的二氧化碳排放量长期居高不下，面临着严峻的节能减排任务。尽管优化产业结构政策取得了初步效果，但中国发展仍然表现出粗放式增长的特征，经济增长伴随着巨大的能源消耗，提高能源效率和推进绿色低碳发展迫在眉睫。以煤为主的能源结构是中国不可改变的资源禀赋现实，在短期内其他能源无法完全替代煤炭的位置，所以中国社会经济可持续发展需要建立在高效清洁、绿色低碳利用煤炭资源以及发展清洁能源的前提下。如果不改变煤炭企业的传统发展战略，对经济、环境和人类都将造成更大的损害，而绿色低碳发展正是煤炭企业应对国内经济发展、国内外政治要求以及企业自身发展的正确方向和出路。为实现能源效率的提高，改变对环境的负外部性影响，满足利益相关者要求，煤炭企业需要以绿色低碳发展的视角重塑企业发展战略，形成竞争优势，提升企业绩效，推动煤炭企业的转型和可持续发展。

目　　录

第一章　基础理论与核心概念界定

任何科学理论的产生都不是“无本之木”，更不是“无源之水”，它都是在继承和发展前人理论的基础上形成的。双循环新发展格局理论的产生也不例外，它也是在继承与发展其他经济发展格局理论的基础上形成的，它有着丰富的思想材料。双循环新发展格局理论在其形成过程中，既继承与发展了马克思恩格斯关于国民经济循环的理论，又深刻总结了中国共产党关于我国经济社会发展格局的理论和实践经验，同时还是对西方经济学中的发展格局理论的突破与超越。

第一节　绿色低碳发展相关研究

一、绿色低碳发展概念界定

绿色低碳发展是煤炭企业的新型发展方式，是指在生态环境容量和资源承载能力允许的范围内，煤炭企业作为煤炭资源的载体，在开发和利用煤炭资源的过程中，可以带来经济效益和环境效益的经济实践活动，其内在关键要素包括合理利用煤炭资源、维护生态环境、维持生态平衡，实现煤炭资源绿色低碳利用和经济与生态可持续发展（赵国浩，2010）。绿色低碳发展要建立在可持续发展的基础上，通过理论创新、资源配置优化、技术改造、管理体制完善等多重方式相结合，以低能耗、低污染、低排放为基础的经济增长路径，在经济得以增长的同时，具备生态可持续性、社会可持续性，是一种新型经济发展形态，能够让煤炭产业可同时兼顾生态环境保护与产业发展。

在 20 世纪末，国际上有一些学者已经关注煤炭企业的可持续发展，并进行了一些基础性的研究，而煤炭企业绿色低碳发展方面的研究热潮开始于 21 世纪初。随着煤炭产业发展带来的环境问题日益加剧，绿色低碳发展概念被明确提出，研究主要侧重煤炭企业绿色低碳发展的理论、评价、路径、影响因素、战略、相关政策等多个方面。但是目前的研究尚存在空白和薄弱的环节，研究方法较为单一，理论体系不够完善，研究缺乏系统性和完整性。

鉴于此，本节对煤炭企业绿色低碳发展的定义进行论述，阐明主流研究方向，梳理煤炭企业绿色低碳发展研究现状，分析绿色低碳发展的影响因素、评价方法、路径与模式、相关政策，并对前人的研究成果进行评价。

二、绿色低碳发展研究

（一）绿色低碳发展影响因素的研究

绿色低碳发展与人口、经济、技术紧密相关，三者相联系起来可形成人类对环境压力影响因素的IPAT（I=Impact，P=Population，A=Affluence，T=Technology）分析方程，碳排放的驱动力也正是以经济、人口、技术为主的一系列因素的综合作用（Ehrlich等，1971）。著名的Kaya公式也在很大程度上说明了二氧化碳排放的相关因素，根据对人口、经济、能源与人类活动产生二氧化碳之间的数量关系的研究，提出由人口、人均GDP、每单位GDP的能源消耗、每单位能源消耗的碳排放量四个因子相乘可以得到经济活动所产生的碳排放量（Kaya，1989）。IPAT方程和Kaya公式相结合后，延伸发展出了STIRPAT模型（I=αPbAcTde），α为模型的系数，b、c、d为各自变量指数，e为误差，加入指数让公式可用于解释人类活动对二氧化碳排放的非比例影响（Dietz、Rosa，1994）。通过使用STIRPAT模型，分析碳排放的影响因素，可以看出国内二氧化碳排放量的解释作用最突出的因素是人口（魏一鸣等，2008）。

可见，早期的研究主要集中在碳排放的影响方面，而后随着低碳概念的提出和推广，研究热点转向低碳经济、低碳发展影响因素。发展阶段、资源禀赋、消费模式、技术水平是较早被定义的影响低碳发展的重要因素（付加峰等，2010）。而后王圣、王慧敏、陈辉等学者（2011）采用对数平均权重Divisia分解法，分析了经济发展、能源效率和能源结构对于碳排放量的影响，研究结果表明改善能源效率和能源结构的作用比较有限，而经济发展是主要影响因素。相较对数平均权重Divisia分解法，使用广义费雪指数（GFI）方法有更明显的效果，通过该方法拟合以能源效率、能源结构、经济发展作为影响二氧化碳产生的重要因素的特征，可得出各影响因素的动态演进过程（田立新、张蓓蓓，2011）。张淑英（2012）通过中国煤炭工业低碳发展3E模型，研究得出转型低碳经济过程中，企业的用能结构的优化仍是影响企业低碳发展的首要因素，并从战略方向、战略保障、战略核心和战略措施四个方面提出了煤炭资源低碳利用的政策建议。

在煤炭产业低碳发展的问题上，针对影响因素中压力因素方面的研究认为，低碳经济理念的欠缺、碳减排压力、非化石能源的开发对于煤炭企业低碳发展有重要的影响；针对影响因素中推动力因素方面的研究认为，管理创新、资金支持、人才培养、信息化位居前列（谭玲玲，2015）。实现观念、结构、科技、消费方式和管理五大方面的创新，对于低碳经济具有推动作用也得到了冯之浚等学者（2009）等学者的认可。

可见目前大部分研究都是针对碳排放、低碳经济的影响因素，虽然这些因素在一定程度上也可以反映对于绿色低碳发展的影响，但关联程度尚待进一步确认。本书认为，人口、经济、环境仍是对整个煤炭产业和大型煤炭企业绿色低碳发展具有较强影响的因素，可通过系统方法进一步深入研究，确定能够推动煤炭企业绿色低碳发展的关键性影响因素以及阻碍绿色低碳发展的重要问题，有助于科学制定绿色低碳发展战略和实现煤炭企业可持续发展。

（二）绿色低碳发展路径与模式研究

煤炭企业绿色低碳发展战略的实施过程中，采取的发展路径和模式，对于经济效益的提升和绿色低碳的实现起着关键性的作用，尤为重要。绿色低碳的发展模式往往基于循环经济的实现。从绿色管理模式、低碳生产模式、循环使用模式、绿色营销模式和绿色物流模式五个方面入手，结合企业的经营特质，可构建煤炭企业循环经济发展模式。胡兆光（2009）提出，能源的低碳发展实际上是寻求帕累托改进，是最大限度地减少能源消耗和二氧化碳排放，同时保持经济稳定增长的过程。实现低碳发展模式，需要从三方面着手：一是要充分利用市场调节机制，二是要发挥政府政策的导向作用，三是要通过行政手段优化能源结构。胡兆光的研究主要从市场和政策路径着手，而刘海滨和郭正权（2010）的研究主要从技术层面入手，针对低碳发展模式中的煤炭资源低碳利用方面提出三条路径：一是使用洁净燃煤技术，最小化二氧化碳排放；二是发展和使用低排放、高产量的煤发电技术；三是鼓励发展新型煤化技术以减少燃煤污染。也有研究将技术和政策相结合探究煤炭产业的绿色低碳发展路径和模式，程宇航（2010）认为，要实现产业升级中的绿色低碳发展，可选择推动绿色低碳技术自主创新、发展绿色低碳能源、加快产业生态化进程，建立资源节约型产业体系。范英等学者（2010）提出，可以通过推动低碳经济发展和合理开发与推广减排技术来实现化石燃料的低碳利用以及节能减排目标。

在 2011 年之后，随着国内、国际环境保护压力日益增大，绿色低碳发展的关注度持续升温，越来越多的学者投入该领域的研究，出现了大量的相关研究成果，更多绿色低碳发展模式被提出，马岩和鲁江（2011）以煤炭行业为例，探讨了四种可以实现循环经济的低碳发展模式，分别是煤炭企业低碳经济模式、资源经济型城市低碳发展模式、煤炭能源化工基地低碳经济发展模式、低碳经济区域发展模式。而绿色低碳发展途径的研究也进一步拓展到更深入的方面，提高煤炭回收率、加大节能力度、提高用电效益、加大节水力度、加大科技投入力度等几个重要方面被认为是煤炭企业发展低碳经济的有效路径（卫屹、于彦新，2012）。刘琳琳（2014）认为，低碳经济和循环经济之间并非单纯的替代关系，循环经济可推动低碳发展，低碳生产技术的发展、循环经济原理的应用、煤炭企业管理机制的完善，可实现循环经济。赵国浩（2015）针对煤炭经济的发展模式进行了全面的研究，在微观层面，通过推行清洁生产以实现生产主体的循环经济模式；在中观层面，生态工业园区的建设将不同的企业和工厂连接起来，形成一个相互依存的系统；在宏观层面，进行全面的废物回收和再次利用，以物质和能量的循环推动低碳经济的模式。

当前国内外学者通过完善法律制度、推动低碳经济发展和合理开发与推广减排技术等方面的研究，提出实现绿色低碳发展的路径与模式，但目前提出的路径与模式缺少系统思维和战略性视角，难以产生很好的效果。只有在探究清楚绿色低碳发展的动因以及对组织绩效带来的影响的基础上，与绿色低碳发展战略相融合，才能找到最优的发展路径和模式。

（三）绿色低碳发展评价方法研究

随着煤炭产业的不断发展，研究者们开始关注煤炭企业绿色低碳发展水平的评价问题。研究者们逐步采用不同的方法从浅层到深层地评价煤炭企业的绿色低碳发展水平。最初的研究致力于评价二氧化碳排放水平、能源效率，这些评价可间接反映煤炭产业的绿色低碳发展水平，也为后期该研究领域的发展奠定了良好的基础（赵国浩等，2000）。早期的研究主要从发展情况和协调情况角度进行考量，通过构建评价指标体系，衡量能源产业发展水平，例如周德群等学者（2001）针对能源低碳利用评价方面设计了包括燃料燃烧过程消烟除尘率、工艺废气净化处理率、工业废物利用率的能源与环境协调水平指标，并使用主成分分析法进行了测度。

21 世纪初，随着火电厂的大批建设投产，发电用煤成了最主要的煤炭消耗途径之一，绿色低碳发展评价研究领域的早期学者致力于评价煤电企业的低碳发展水平以反映整个行业的状况，当时盛行的方法是投入—产出法。国外学者通过 Malmquist 指数方法，在投入—产出模型的基础上，将污染物纳入产出指标，将减少污染物排放的成本纳入投入指标，这种方法可以评估燃煤电厂的低碳发展水平（Yaisawarng，2004）。Parikh 等学者（2009）同样是通过投入—产出法，并结合社会会计矩阵法对印度的二氧化碳排放状况进行了评价。而基于指数分解法提出的对数平均迪氏指数方法也是被周鹏（2007）和韩松（2016）等学者广泛使用的一种能源效率的主流评价方法。虽然前人的评价方法已经在一定程度上可以判断绿色低碳发展水平的高低，但是绿色低碳发展水平评价的宏观指标过于聚合，无法衡量是否真正实现低碳，基于每单位 GDP 的二氧化碳排放量的单一指标体系不能完全解释或反映最终使用能耗和二氧化碳排放情况。

基于早期学者们的研究和存在的问题，徐君和马栋栋（2012）以煤炭行业为例，提出了低碳发展水平评价的六项原则，即科学性、可操作性、系统性、动态性、定量指标与定性指标相结合、3R 原则（Reduce 减少原料使用、Reuse 重新利用、Recycle 再次循环）。根据这六项原则的指导，研究更多地考虑到综合评价和多元方面，煤炭企业绿色低碳发展水平的评价方法被进一步完善。例如，多级模糊综合评价法的使用，率先实现了多重因素综合评价，在针对电力企业的评价中，降低了无法精确描述指标而带来的偏差程度，以更准确地反映低碳发展水平（米国芳，2012）。又如吴玉萍等学者（2012）站在煤炭产业链的角度，从生产、环境治理、低碳利用、低碳意识四个角度设计产业链的低碳发展评价指标体系，并提出实现低碳发展模式的相关策略。

近年来煤炭企业绿色低碳发展水平评价体系在经历了不断改善、不断延伸之后，逐渐形成了较为成熟的，由低碳生产、低碳物流、低碳加工和利用、环境治理和低碳文化为主要框架的双层级评价指标体系，通过 AHP 和熵权法为关键指标赋予合理的权重，可对煤炭企业进行全面评价（李朋林、陆浩杰，2015）。

目前，在绿色低碳发展评价方法领域的研究中，存在大量的理论研究和实证研究，评价指标体系的设计主要包含人口、资源、经济、环境、社会五个层面，结构已趋于较为全面和成熟，但在方法方面，仍然以指数方法、投入产出法、主成分分析法和 FAHP 评价法为主，缺少方法上的突破，可进一步发掘新的方法以及传统方法与新方法相结合的混合方法。

（四）绿色低碳发展相关政策研究

实现煤炭企业绿色低碳发展是一个系统工程，需要政府、社会、行业、企业统一行动，共同努力，其中政府的影响和作用非常可观，因此，对于促进煤炭企业绿色低碳发展的政策研究是学者们关注的重点领域。20 世纪末期，虽然各国相继出台了一些煤炭产业、企业的绿色低碳发展相关政策，但大多是单一政策，效果不佳。Blyth 等学者（2009）倡导多元化的政策组合取代单一的政策方法，并提出将技术专利政策与非歧视性价格机制相结合，实现以低成本减少碳排放量。也有研究认为需要调整税收政策来推动煤炭产业的健康发展，将税收与补贴一体化，按照能源价格比例，基于效用最大化模型，对煤炭企业的高排放行为征收能源税，对煤炭企业的低排放行为给予相应补贴，改变传统碳税模式（Galinato、

Yoder，2010）。Fuller 等学者（2009）表示政府的支持政策对于提升能源效率有重要的作用，而能源效率的提升可在很大程度上推动低碳经济的实现。Campiglio（2016）探讨了货币政策以及金融监管对于转型低碳经济的影响，并对于低碳活动难以获得银行贷款问题提出了收取碳排放费、提高低碳企业信用评级等策略层面的建议。

可见国外的研究多倡导一些间接性的辅助和利好政策以引导煤炭企业的绿色低碳发展，而国内的研究更多是注重直接性的政策工具以推动煤炭产业步入绿色低碳发展的轨道。黄新华（2007）提出了一系列可行性强的政策手段，包括排污权交易、限额、行业标准、监察机制等，这些政策工具的选择可根据细分行业的不同性质以及各项工具的优劣挑选适合的组合。在发展权和排放权得以平衡的情况下，通过对税收政策的调整，直接支持企业绿色行为，构建促进低碳发展的激励体系，也是一种见效快、效果好的政策手段（金乐琴，2009）。除了激励以外，约束政策也具有重要的意义。制定法律法规是约束效力最强的途径之一，赵国浩（2014）提出可通过健全地方性环境法规来完善地方性环境政策，地方性环境法是国家层面环境保护法的补充和完善，可根据各地的具体情况有针对性地制定，对于环境破坏行为有较强的约束作用，是当地可持续发展的重要保障手段之一。在市场政策方面，通过建立碳排放权交易制度，增加企业碳排放成本，并引导能源企业主动节能减排，这有助于实现整个产业的低碳发展（李剑波，2016）。

近年来，绿色低碳发展相关政策的研究者意识到了国内地域广阔、不同省份的煤炭产业发展特点和背景差别较大，提出煤炭产业的相关政策要充分考虑到地域差异性，不能一概而论。王珂英、王丹、王磊（2015）基于空间自相关理论建立了空间计量模型，分析了碳排放强度的地区差异和空间演进特征，并从政策面提出长江经济带资源与生态补偿策略，倡导减排政策应充分考虑空间差异特性。

目前关于绿色低碳发展政策的研究侧重于在提升能源效率、实现低碳经济和减少碳排放量等层面的政策工具的研究，未能结合煤炭资源开发利用过程中的行为特征来展开，也未能从我国的能源结构和减排目标特殊性着手，因而需要开展与行为特征和减排目标结合更紧密的研究。

第二节　煤炭企业绿色低碳发展战略相关研究

当前，世界经济处于转型升级的历史转折点，中国经济由高速发展转向高质量发展，供给侧结构性改革不断深化，到了转换发展方式、改善传统产业的关键时期，国家层面采取了建立转型综改试验区等一系列举措，大力推动资源型经济转型，促进传统资源型行业绿色发展，而煤炭企业作为资源型经济的重要载体，其转型发展战略至关重要。本节对煤炭企业的概念提出了明确的界定，探究煤炭企业概念的内涵与外延，剖析国内外学者对于煤炭企业的理解，并在此基础上，梳理了国内外对于煤炭企业绿色低碳发展战略方面的研究。

一、相关概念界定

（一）煤炭企业

煤炭企业作为资源型企业中的一类，其定义在很大程度上应参考资源型企业的概念，而资源型企业的概念来源于对于资源的理解，马克思等（1867）曾对资源有所描述，劳动力和土地是财富的两个原始要素资源，加在一起才是财富的源泉。中国学者邢书河（2012）提出，资源是可以为人类所用的物质、能量和信息，可以分为自然资源和社会资源两大类，而自然资源中又包含土地资源、气候资源、水资源、生物资源、矿产资源。

本书认为，资源是指可以产生利益的物质要素的来源或供给，包括人、财、物、能量、服务、信息等，是人类生存和发展的基础。资源还有多种不同的分类，按照地域可分为广泛存在的和局部存在的，按照经济学视角可分为经济资源和非经济资源，按照形成周期可分为可再生资源和不可再生资源。本书选取资源型企业作为研究对象，并选择具有典型性的煤炭资源企业为代表，因而本书中的资源特指自然资源类别中，矿产资源里的煤炭资源。

早期，学术界对于资源型企业没有统一的定义，通常以企业所依赖的资源界定企业类别，例如煤炭企业、钢铁企业、石油企业等，但随着我国资源型经济转型战略的提出，资源型企业概念受到了广泛关注，概念的界定也日渐增多，根据研究方向和研究视角的不同，产生了多种定义，目前虽然部分定义本质上相近，但仍然存在差异较大的观点，学界对于资源型企业概念的内涵尚未达成一致。

杨子平（2006）从劳动对象角度将资源型企业定义为：以矿山、油田、风力、海洋、森林等资源为劳动对象，通过对资源的提取而生产、制造人类需要的基础原材料的企业。资源型企业的生命周期通常在较大程度上受到所依赖资源的有限性和再生周期影响。宋宝莉等（2014）认为，资源型企业是以资源获取、加工为经营方式，将地下矿产资源和地上动植物资源生产加工为人类生存和发展所需要的产品，基于对资源的占有和获取而形成竞争力的企业。资源型企业的生产经营活动需要消耗大量的资源，并且往往会对环境产生较大的影响。由于土地、矿产、石油等多种重要的自然资源属于国家战略性资源，由国家统一管理，所以中国的资源型企业多为国有企业。

上述的几种观点属于广义的资源型企业，外延较宽泛，涉及各种生产要素和自然资源。而敖宏等（2009）、李宇凯（2010）、郝祖涛（2014）等学者从狭义角度定义资源型企业，其外延较窄，主要涉及以煤炭、有色金属等矿产资源。其中，敖宏和邓超（2009）在著名管理学期刊《管理世界》上提出：资源型企业是“集合各种生产要素，主要以开发矿产资源为主，为社会提供矿产品以及初级产品，具有法人资格，实行自主经营、独立核算的营利性经济实体，如煤炭、钢铁、有色、石油、黄金等行业企业”，资源型企业对于资源高度依赖，其发展在很大程度上受到资源总量、技术水平、生产成本、产业链发展水平的影响。李宇凯（2010）在综合了前人主流观点后提出：资源型企业是主要利用矿产资源的企业，更多是对不可再生资源的开发，依靠对不可再生性资源的占有和垄断来保障竞争优势地位，打造核心竞争力。郝祖涛（2014）认为，资源型企业以开发煤炭、有色金属等矿产资源为主，是供应初级产品的经济实体。林军（2015）指出，我国将资源型企业定义为开发、加工不可再生资源的经济主体，根据国际标准产业分类及国民经济行业分类，主要涉及矿产业分类和采矿业分类。曹翠珍（2015）认为，资源型企业是以矿产资源的开发、加工为主营业务的企业，其生产经营活动往往伴随着严重负外部性，会对生态环境造成较大破坏。

通过对上述学者的研究梳理发现，在对于资源型企业的研究中，研究对象选取方式多种多样，存在覆盖范围较广、较为笼统的研究对象，也存在非常具体的研究对象。其中，曹翠珍（2015）较为笼统地选取了煤炭、石油、冶金、电力及其上下游企业为调研对象，研究对象涉及多种不同类别的资源。郝祖涛（2014）则选取磷化工企业集群为调研对象，以单一类别的企业为基点，向其上下游产业延伸，逐步获得整个产业的认识，以反映资源型企业的整体情况。其他学者的研究对象更为具体，邢书河（2012）采用了多案例研究方法，选取了三家不同类型的资源型企业作为研究对象，通过对不同对象的研究得出同一研究结论，以提升资源型企业研究的有效性。李凯宇（2010）、田富军（2012）、江卫（2012）均以具体的某一矿产资源型企业为例，通过对该企业的实证研究得出研究结论，既验证了其理论，又为该企业提出了指导实践的对策，同时具备理论意义和实践指导意义。可见对于资源型企业研究的对象和样本选取方式虽各有不同，从笼统地选取各个类别资源型企业为样本到以单一类别的产业集群为研究对象，再到以具体一家资源型企业为研究对象，但皆可以通过恰当的研究方法进行有效的研究，并反映资源型企业的情况。

通过综合有关资源型企业广义角度和狭义角度的观点，结合煤炭企业的特征和经营实际，可以得出煤炭企业的概念。本书认为，煤炭企业是将煤炭资源作为企业活动的物质要素，基于占有的煤炭资源从事生产、加工、买卖、运输、技术开发等一系列的活动，以赚取利润为主要目标的经济主体，其活动往往伴随着对生态环境的影响，且经济效益递减。

本书选取煤炭企业作为资源型企业的代表开展研究，煤炭企业的定义具体包含以下四层含义。

一是对于煤炭企业内涵和外延的界定。煤炭企业以占有煤炭等相关矿物资源为基础，以煤炭资源的开采、生产、加工、买卖、运输、技术开发为经营方式，其输出的产品往往是原煤或初级加工矿物等原材料，其地理位置往往取决于煤炭资源的分布，是国民经济的重要组成部分，多数由国有资本控股，对所在区域的发展和能源供给起着重要的支撑作用。

二是明确煤炭企业的发展基础是资源，且对资源存在较强的依赖性。煤炭企业对于煤炭资源高度依赖，其技术、管理、创新商业模式、人才等无形资产的发挥都建立在对于有形矿产资源利用的基础上，煤矿的储量、煤质、地理位置等因素在很大程度上决定了煤炭企业的生产成本和产品质量，直接影响其竞争力。在企业生命周期方面，煤炭资源同样起着决定性的作用，煤炭资源储量大、开发合理的煤炭企业才能长足、稳定发展，而煤炭资源储量小的煤炭企业可能因为资源枯竭走向生命末期。

三是煤炭企业存在于环境当中，与生态环境有着共生性。煤炭企业与生态环境具有相互影响的共生关系。对于煤矿的开发和利用往往会改变当地的地质和生态环境，常常表现出较强的负外部性，引起水土流失、塌陷、植被破坏、空气污染等一系列环境问题，而且对于环境的破坏又极易给煤炭企业带来安全事故、行政处罚、生产成本增加等阻碍和影响企业发展的问题。只有煤炭企业正视生态和环境的重要性，以环境友好的方式合理开发利用资源，将资源的消耗和污染排放维持在自然环境承载能力的范围内，才能维持与生态环境的共生关系，实现企业与环境友好的协同发展。

四是强调煤炭企业的经济效益递减。煤炭企业的产品一般是从矿场中开采出来的直接产品或者是经过初步加工的初级加工产品，其产品的技术含量较少，主要依靠对于资源的占有而大量生产，通过技术创新、模式创新等方式给予产品的附加价值较小。不断的开采会导致开采环境逐步恶化、资源储量逐渐减少、环境治理投入加大、生产成本升高，从而经济效益递减。煤炭企业也会随着储量的下降直至资源的枯竭而衰败。

（二）煤炭企业绿色低碳发展战略

绿色低碳发展战略是在低碳经济时代背景下，高碳生产企业为改变传统发展模式，适应环境保护及生态平衡的需要，打造低碳产业而诞生的新型战略。煤炭企业绿色低碳发展战略是以可持续发展为目标，在传统发展战略的基础上融入社会责任、环境保护等方面的考虑因素，以低能耗、低污染、低排放为基础的绿色经济增长战略，同时具备生态可持续性、经济可持续性、社会可持续性，是能够让煤炭企业兼顾生态环境保护与企业发展的一种新型经济发展形态。与煤炭企业的传统发展战略相比较，绿色低碳发展战略的目标更加长远，其致力于煤炭企业的长期可持续发展，降低短期经济利益因素对战略制定的重要性，改变煤炭企业发展对环境带来的严重负外部性，打破传统战略的局限性，在战略层面融入对经济发展和环境保护的平衡考虑，使煤炭企业得以更科学、环保、健康的发展。

二、煤炭企业绿色低碳发展战略研究

由于资源型经济传统粗放式的发展方式难以适应新宏观经济环境的特点，煤炭企业经历了整个产业“黄金十年”的快速发展后，面临着去产能、控成本、降污染、调价格等各项难题，而绿色低碳发展战略正是煤炭企业应对新常态、实现转型发展的重要举措。

中国地质大学的田富军（2012）通过对义煤集团的实证研究，充分认可了多元化经营战略对于煤炭企业可持续发展的贡献，针对煤炭企业设立了高效、创新、生态、和谐、学习五大可持续发展目标，并构建了由资源开发战略、资本运营战略、人才培养战略、科技创新战略、企业文化战略和管理创新战略构成的发展战略体系。王太星（2015）指出：面对日益严峻的环境问题和社会压力，煤炭企业低碳转型是调整经济结构和解决环境问题的必然要求，是煤炭企业实现绿色和可持续发展的有效途径。

近年来，各煤炭大省“去产能”压力日益增加，资源型经济转型持续推动，促使煤炭企业绿色低碳发展战略的重要性不断提升，结合绿色低碳发展的要求以及煤炭产业发展阶段的特点，绿色低碳发展战略倾向于多元化发展方向。李民（2014）采用 SWOT 分析方法对大型煤炭企业进行了战略选择分析，提出相关多元化经营战略和绿色物流战略是煤炭企业的最佳战略选择，这两种战略要求煤炭企业充分利用自身优势和外部机会，防范外部风险，以多元化降低单一业务风险，以绿色物流促进生态环境的修复并达成可持续发展。郭金刚（2016）在对中国煤炭企业发展环境进行 SWOT 分析的基础上，设计了“多元化、创新驱动”为主要思路的绿色转型战略，提出以精细化管理模式，推动煤电一体化战略、新兴能源与传统能源并举战略、煤炭与新兴经济多元化融合发展战略，优化企业的产业结构，实现多元化发展。可见，在煤炭企业的战略选择问题上，SWOT 分析被广泛使用，如今 SWOT 分析已不仅仅是一个战略分析工具，还蕴含了丰富的战略管理哲理，其中涉及的外部因素和内部资源是战略分析中最重要的两大因素，几乎任何一个战略管理理论中都蕴含着 SWOT 思想（谭力文等，2014）。

早期的煤炭企业战略管理研究多是以定性分析为主，基于研究者主观意识对战略因素进行梳理，在很大程度上将个人偏见夹杂在研究结果中，难免缺乏科学性。张伟等（2016）提出，仅基于定性分析的战略管理工具往往缺少对于决策相关要素的定量分析或者量化的考量标准，明确了传统战略分析的局限性和缺点，并尝试利用层次分析法将问题分解为若干层次，基于集对比较，将因素赋予权重以量化其重要程度，随后以具有代表性的煤炭企业为例，进行了 SWOT-AHP 模型的实际应用。

袁亮等（2017）基于对中国五大矿区煤炭企业开采现状的调研，以绿色低碳视角提出煤炭开发节能战略，通过企业兼并重组，淘汰落后产能和落后装备，通过采煤机械的智能化、无人化，降低生产能耗，增加企业先进产能。Kretschmann 等学者（2017）提出，为实现煤炭工业的健康、长足发展，企业应与大学、政府一同采取国际合作战略，通过信息交流、人员交流等方式将各个国家、地区、企业的知识和经验相互联系起来，推广有效的可持续发展经验，以知识转移提升可持续发展能力，达到社会、经济、环境三方面的平衡。冯蕾（2018）通过对张店煤矿运营情况进行透彻剖析，认识到了循环经济在中小煤炭企业绿色转型中的重要性，倡导着力推动废物利用技术的创新与开发，提升废弃物的综合利用率，基于循环利用技术实现部分外购原料的内部供给，延伸企业自身产业链条，实现煤炭企业的绿色转型。金岩辉（2018）从政策视角，解析了供给侧结构性改革对于中国国民经济和煤炭产业的影响，构建了煤炭企业机械化、信息化、智能化以及自动化发展战略，“四化”战略的全面实施有助于煤炭企业在不久的将来全面实现无人开采模式的重大转型。

虽然学术界对于煤炭企业绿色低碳发展战略的研究有了大量的成果，但在企业实践过程中效果并不理想。在传统观念中，降低碳排放更多是一种政府行为，往往只有当减少碳排放与企业经济效益和财务利益相关并且企业决策者能够明显意识到的时候，才会被企业真正实施（Cooremans，2012；Ouyang、Shen，2017）。

三、评价与启示

通过对于煤炭企业绿色低碳发展战略研究的文献梳理可以发现，自人类大量开发利用煤炭资源以来，对生态环境造成了巨大的破坏。随着生态环境的恶化，人们对于环境问题的关注日益增加，对经济效益与环境效益协同发展的要求不断提高，煤炭企业必须要改变传统的发展战略，走上绿色低碳发展的道路。战略概念诞生之后，战略管理理论经历了战略规划阶段、经典战略管理理论阶段、竞争战略阶段、动态竞争战略阶段、知识基础观阶段、国际化战略阶段，如今的战略管理研究呈现出多视角、多层次、跨领域、跨学科的趋势，而面对煤炭企业对于绿色低碳发展战略方面的大量现实需求，国内外各个战略管理学派的学者先后对煤炭企业绿色低碳发展战略进行了研究，产生了一定的研究成果，但是对于部分关键的问题尚未形成共识。

第一，绿色低碳发展的理论研究尚处于发展阶段，需要加强研究以有效地指导实践。虽然已经存在大量针对煤炭企业的可持续发展、循环经济、煤炭高效清洁利用等方面的研究，且这些方面的研究相对成熟，形成了理论基础，在一定程度上适用于煤炭企业绿色低碳发展，但关联程度尚待进一步确认。而针对绿色低碳发展这一新概念的研究较少，现有研究缺乏系统视野与战略性思维，没有形成足以指导实践的理论体系，特别是对于在绿色低碳视角下，煤炭企业的战略管理仍然存在大量没有解决的问题以及研究空间，导致煤炭企业的绿色低碳发展难以获得有效理论指导和支撑，应加大理论方面的研究和探索，尽快构建完善的理论体系以指导企业实践。

第二，煤炭企业绿色低碳发展战略选择准则不明确，战略选择缺乏科学依据。虽然学界对于煤炭企业绿色低碳发展战略选择问题进行了一定的研究，但是多数研究仅仅是基于对内外部环境的变化而提出了一些较为分散的战略，对于内外因素变化的认识较为浅显，缺少对于煤炭企业绿色低碳发展战略选择动因的理解，没有形成完善、成熟的战略选择准则及理论模型，对于战略类型和特征并未清晰地界定，没有明确战略选择的影响因素，不同类型的绿色低碳发展战略与企业绩效之间的关系仍有待挖掘。

第三节　绿色开采理论

一、绿色开采的理论与绿色开采技术

20世纪初期，煤炭绿色开采的概念由钱鸣高院士提出。煤炭开采中存在的绿色开采是一种综合考虑资源效率与环境影响的现代开采模式，其目标是使矿山开采过程中既能最大效率地开发资源，又能保护环境，从而让企业效益与社会效益相适宜。

绿色开采的理论基础为岩层控制、开采对地表的影响规律，液体与气体的渗流规律，重要岩层的岩层运动等。因此，岩层控制的关键层理论是绿色采矿的理论基础。

绿色开采的技术主要包括以下几个方面。

1. 保水开采技术

煤矿开采过程直接影响到区域水文地质条件。煤炭开采造成的地下水流失影响了中西部的生态环境，因为中国大部分煤矿处于中西部，这些地区的水资源十分珍贵。若要采用保水开采技术，最重要的是要将开采办法、岩层控制方式和开采与岩层水流动之间的关系研究透彻，在开采过程中避免水土流失和土壤沙化等对环境的恶性影响，减少因为开采过程中的不合理行为造成的地下水流动规律变化。近年来，我国科研人员将岩层控制关键层理论与采动岩体渗流理论相结合，很大程度上保护了水资源。同时，科研人员还构建保水开采的结构力学模型，明确保水开采的基本原理，以顶板含水层为基础建设保水开采项目，并把这种方法作为重要的观察对象，来发掘其他类型岩层之间的耦合效应。

2. 煤与瓦斯共采技术

第一，采前抽采技术。该技术试图在采煤之前将煤层内的瓦斯抽取出来，这是最高效、最安全的瓦斯利用方法。第二，煤与瓦斯共采技术。该技术是在煤层开采之后，将瓦斯释放至采空区，此时抽取瓦斯更加便利。第三，废弃矿井抽采瓦斯技术。开采后的矿井中经常会充满瓦斯，利用岩层中的缝隙可以将瓦斯排放至井下后抽取瓦斯，再通过回风井回收瓦斯。

3. 减沉开采技术

第一，离层注浆减沉技术。该技术需确定覆岩中的关键层位置，掌握其离层

与破断特征参数，是注浆减沉技术应用可行性分析、钻孔布置与注浆工艺设计及减沉效果评价的基础。第二，采空区充填开采技术。基于采矿理论的研究，退而求其次可以选择部分充填。同时也要利用好矸石减排技术，我国矸石排量占原煤产量的20%左右，按2010年的产量来计算，效果十分可观。减排矸石以及高效利用矸石同样可以实现绿色开采。减少矸石量的方法有很多，例如优化巷道布置、多开煤巷少掘岩巷、开发煤巷护巷技术。但是岩石巷的开掘必不可少，因此必须提高利用率，将碳量大于20%的煤矸石用来产电产热，含碳量低于20%的煤矸石用来回填，保护生态环境。

4. 地下气化技术

煤炭地下气化技术是指通过把地下的煤燃烧，利用其产生的可燃气体，变物理采煤为化学采煤，这种方式安全高效。

二、绿色开采与循环经济

煤炭循环经济包括排放的废物特征、矿区的资源条件和外部环境，有的矿区在主导产业链的基础上，将循环经济和资源优势转变为经济优势，实现绿色开采和经济可持续性发展。

近年来，人们物质生活越来越好，对环境有了更高的要求，这也就督促优化绿色开采，在开采前尽量要制订好最优的方案，在尽可能不破坏生态环境的基础上获得煤炭资源。为了不影响人们的物质生活，维持社会经济的稳定发展，要尽量做到以最小的成本获取资源，这样可以最大限度地保护环境。

三、绿色开采的发展趋势

可持续发展思想有很多的实际意义，这一理论指明了经济发展与环境的共处模式，既可以使经济水平不断发展，又不会对子孙后代造成重大影响，在获取大自然资源的时候要有一定的节制，切不可竭泽而渔。绿色可持续发展的必然要求如下。

一是全球化，地球现如今基于科技的进步已经变成“地球村”。对于环境的破坏归根结底是全球性的破坏，所以绿色开采已经在全球范围内达成共识，开发破坏了生态系统，造成资源的破坏和浪费。开采会生成大量污染物，如何科学利用这些废物，保护生态环境，实现可持续开采是一个不容忽视的问题。

二是社会化，制度的实施需要政府制定相关的法律法规作为支撑，并且受到全社会的监督，绿色开采才可能真正地实施下去。

三是和谐化，开采事故的频发一直是一个棘手的问题。绿色开采可以通过增强安全教育培训、减少人工作业、最大限度地实现自动化操作来减少伤亡，这有利于和谐社会的实现。

第二章 双循环新发展格局的内涵意蕴

加快构建双循环新发展格局是事关全局的系统性深层次变革，本章就双循环新发展格局的科学内涵与本质特征，以及正确认识和把握双循环新发展格局应处理好的几对关系展开了详细的阐释。

第一节 双循环新发展格局的科学内涵

双循环新发展格局具有十分丰富的科学内涵，深刻认识和把握这一发展格局需要从以国内大循环为主体，国际大循环为依托，国内国际双循环相互促进、共同发展等三个方面来理解其核心要义和科学内涵。

一、以国内大循环为主体

如果考虑到经济活动的国家或者经济体边界，经济循环活动则可以分为国内经济循环和国际经济循环两个内容。构建双循环新发展格局首先就是要以国内大循环为主体。这表明双循环新发展格局的构建在国内循环和国际循环上并不是同等发力的，而是要以畅通国内经济循环为重心，在构建国内循环的基础上更好地促进国际经济循环的发展。事实上，在经济全球化快速发展和国际分工深刻调整的背景下，任何国家或地区都不可能只有完全的国内经济循环，每个国家或地区都在国际贸易的推动下参与不同程度的国际循环，而积极参与国际经济循环是为了带动国内经济的发展。因此，从马克思主义政治经济学角度来看，以国内大循环为主体就是要以满足国内居民需求为出发点和立足点，以国内分工体系和国内市场体系为载体，以国际分工和国际市场为补充和支持，以畅通国民经济循环为着力点、以国内分工不断深化、国家科学技术水平不断提升为内生动力的经济循环。

双循环新发展格局战略遵循了大国经济发展到一定阶段必然会转向以内部循环为主的经济发展规律。要强化国内大循环的主体地位，就需要通过充分发挥国内巨大的市场优势，通过不断地扩大内需、拉动消费，才能不断夯实国民经济的发展基础；同时通过不断优化产业链和供应链的安全性和稳定性，提高我国市场抵御经济风险的能力和竞争力，为进一步推动国际市场良性循环发展提供动力支撑。国内大循环的本质是社会再生产各环节的往复循环发展。社会再生产主要包括生产、分配、交换、消费四个相互作用、相互影响的环节。其中，生产是经济循环的起点，分配和交换（流通）是联结生产和消费的纽带，而消费既是社会再生产的最终目的，同时也是新一轮社会再生产的起点。从经济循环运行的四大环节来看，以国内大循环为主体就需要保证国民经济循环的畅通发展，而要想使国民经济循环顺畅就需要破除阻碍分配和流通环节的堵点和痛点，把生产和消费直接有机结合起来，从而通过不断提升供给能力以满足国内市场需求，巨大的国内市场需求又会反过来促使生产转型升级。实际上，从社会再生产过程看，经济大循环必然是实物运动循环和价值运动循环的结合，是实体的商品生产、分配、流通、消费过程与货币资金运动在社会再生产全过程中的合理分配、流动循环相结合的过程。同时，我们构建新发展格局强调以国内大循环为主体就意味着要集中力量办好自己的事情，牢牢扭住扩大内需这个战略基点，将国内大市场作为经济循环发展的主战场，充分发挥国内超大规模的市场优势和独特的中国特色社会主义经济制度优势，优化升级产业结构、提高科技创新能力、调整和完善收入分配格局、缩小贫富差距、扩大中等收入群体、激活消费和民间投资潜力、不断提升现代化产业链水平，从而为人民提供更多更优质的产品和服务。同时，要充分发挥改革的力量和作用。正如习近平总书记指出的，要“继续用足用好改革这个关键一招，使各项改革朝着推动形成新发展格局聚焦发力”。畅通国内大循环需要继续深化改革，只有通过改革不断提高供给能力和供给质量才能不断满足人民日益增长的美好生活需要，才能使更高水平供给与更高品质和多样化需求相匹配，从而促使国民经济系统形成高效、协调有序的循环体系，推动经济继续繁荣发展。

坚持以国内大循环为主体构建双循环新发展格局，是党中央主动作为，科学把握发展大势的先手棋。改革开放以来，我国长期实行的是以出口为导向的外向型经济发展模式，国内经济发展对国外市场和产品的需求呈现出较强的黏附性，且受到国际市场波动的影响比较大，由于科技创新和技术能力有限，我国仍然处于全球价值链的中低端，在一些关键零部件和核心技术方面仍然受制于人，国际经济治理规则和意识形态话语权依然主要被发达经济体所垄断，叠加新冠疫情的反复影响，我国经济发展环境充满了不稳定性和不安全性。立足当下，放眼长远，我们需要将经济发展的焦点从国外市场转向国内市场，要通过科技自立自强，不断提高国内经济发展的质量和效率，促进经济发展。构建新发展格局坚持以国内大循环为主体的根本目的就是将经济长期发展的主动权牢牢把握在自己手中，使我国能够在世界百年未有之大变局和全球疫情大流行相互交织的影响下，在国内外发展环境日益复杂严峻的趋势下，能够始终保持强大的战略定力，以国内经济的循环发展带动国际循环的发展，不断增强和提升我国经济的国际竞争力和影响力。同时，从国家综合实力看，经过40多年改革开放的快速稳定发展，我国目前已经具备了以国内大循环为主体的经济发展基础。从供给能力看，基于广阔的国内市场，我国已基本形成了强大的生产能力，我国不仅是世界上第二大经济体，而且还是世界上拥有全部工业门类的国家，具有比较完整的工业供应体系，正在从“中国制造”向“中国智造”“中国创造”转变，从“世界工厂”向“世界市场”转变，科技创新能力和投入力度在不断增强，经济发展正在向高质量发展阶段迈进。在这次抗击新冠疫情中，我国企业表现出了强大的韧性和抗风险能力，基本上实现了供应链和产业链的稳定发展，相关产业也在一定程度上做到了相互配套发展，展现出了比较好的自我循环能力，2020年，我国国民生产总值首次突破100万亿元，且我国是全球唯一一个实现经济正增长的国家。从消费和投资看，我国拥有世界上规模巨大的国内消费市场和世界上规模最大的中等收入群体，民间投资和政府投资潜力庞大，强劲的内需潜力和巨大的内需市场为促进国民经济的循环发展提供了动力支撑。从制度和治理机制层面看，我国拥有强有力的中国共产党领导集体，集中力量办大事的中国特色社会主义经济制度优势，为坚持以国内大循环为主体的经济发展提供了强有力的制度保障。畅通国民经济循环发展，解决资源配置效率低下、经济体系运行不协调问题，不断降低我国经济对外的依存度，提高我国经济发展的独立性和竞争力，打通经济循环发展中的堵点，提升我国在全球治理体系中的话语权，充分发挥已有的经济基础和条件，加快形成资源高度优化配置、经济体系运行协调有序、经济链条高度循环衔接的国内大循环体系。

总之，需要注意的是，我们构建的双循环新发展格局强调的是全局性和整体性，是面向整个国家各方面的发展格局，不是要求每一个区域、每一个省份、每个企业、每个行业都要搞以国内大循环为主体的各自小循环，而是要以平等、自由、高效的国内统一市场为基础，破除阻碍经济循环的难点和堵点，充分发挥各个地区、各个行业之间的比较优势，推动整个国民经济循环发展的新格局。

二、以国际循环为延伸和补充

从经济学意义上来讲，国际大循环是以国际分工和国际市场为基础，以国际产业链和价值链为依托，以国际贸易、国际投资和国际金融为主要表现形式，各经济体基于比较优势相互竞争、相互依存的经济循环体系。在百年变局与世纪疫情相交织，新一轮科技革命和产业变革蓬勃发展，贸易保护主义、单边主义上升，经济全球化螺旋式向前发展的时代大背景下，任何国家都无法完全做到关起门搞建设，各国的经济政策和战略布局必然要与国际循环相对接、相融合，世界各国的经济复苏发展离不开本国市场和他国市场的互动联结。构建新发展格局强调以国内大循环为主体，绝不是不再重视外部市场，更不是要挤压或完全抛弃国际循环，而是注重在更高水平对外开放基础上内嵌于国际经济循环的同时，立足于我国新发展阶段，全面贯彻新发展理念，以畅通国民经济循环发展为推动力带动国际经济循环发展。

一个国家参与国际经济循环的程度反映了其发展战略导向。在经济全球化快速发展，世界市场不断被开拓，国家积极实行对外开放的客观条件下，一国参与国际经济循环主要是通过对外贸易、进出口、国际投融资、科学技术互动交流合作、文化发展相交融等方式进行。就世界经济发展史而言，诸多国家遵循了国际经济发展比较优势原则，实行以出口为导向的工业化战略，利用自身廉价的原材料和成本低廉的劳动力优势加工初级产品，然后将制成品投放到国际市场上进行贸易，从中获得经济效益、技术外溢效应、规模经济，从而实现自身经济发展和经济赶超。这种方式的国际经济循环与各自国内的经济循环一起共同构成了国内国际经济总循环。在这个总的经济大循环中，国内循环和国际循环是相互影响、相互作用、你中有我、我中有你的辩证统一关系。国民经济总供给和国民经济总需求的发展都与国际经济循环中的进出口和资金流入流出密切相关。在这样的经济发展条件下，要想使国民经济发展的总量和结构趋向稳定和平衡，就不仅需要重视国内经济的循环发展，还需要关注国际经济的循环发展。中华人民共和国成立以来，特别是改革开放以来，我国已经开辟了广阔且多元的国际市场。从国家统计局的数据来看，目前我国的进出口贸易都位居世界各国前列。以 2019 年的数据为例，全年货物进出口总额 315505 亿元。其中，出口 172342 亿元，进口 143162 亿元，在 230 多个贸易伙伴中，我国是 130 个贸易伙伴的前三大进出口来源地，是 61 个贸易伙伴的第一大进口来源地。可以说我国的制造业早已成为全球供应链、产业链条上的重要组成部分，而这些都为参与国际经济循环奠定了坚实基础。构建双循环新发展格局不仅需要国内大循环的支撑，更需要国际循环的补充。国际循环的良性运行发展不仅可以为我国经济发展创造稳定的外部环境，还有助于改善国内供给结构，满足人民的多样化、高品质需求。换句话说，国内大循环主体地位的实现需要国内国际贸易的推动。进出口贸易在“以内促外”与“以外促内”两个方面都发挥着举足轻重的作用。出口贸易可以为我们赚取进口商品和对外投资所需要的外汇，进口则可以弥补我国所需的高技术中间品和资本品、高端生产性服务等方面的不足，从而为提高国内经济循环的生产质量和生产效率、优化产业结构创造了条件。同时，国内循环越顺畅，越有利于形成对全球资源要素的引力场，越能将国内市场变成大家的市场、共享的市场，从而有助于推动世界经济复苏发展。

三、国内国际双循环相互促进、共同发展

从国内发展新阶段和世界发展变局的新要求出发，分别阐述促进以国内大循环为主体与以国际循环为延伸和补充的基本内涵和核心理念，其主要目的在于能更加深入地分析和理解双循环新发展格局的整体要义，而绝不是说国内循环和国际循环是可以割裂开来的，恰恰相反，在经济全球化深入发展和大力推进改革开放的国家经济体中，国内循环和国际循环是相辅相成、不可分割的。

双循环新发展格局是“开放的国内国际双循环，不是封闭的国内单循环”，因而它既不是完全单一的国内大循环，也不是十分简单的国际大循环，而是要注重国内循环与国际循环之间的互动与联系，要达到互为作用、相互促进、共同发展。就经济发展规律看，国内大循环的畅通发展在双循环新发展格局的建设中起着关键的作用，是带动和促进国际经济循环发展的动力基础。中国自身经济的繁荣发展有利于为世界经济注入新的活力，国内国际循环在相互影响互促发展的过程中还可以通过贸易往来、投融资、跨国公司等方式更好地推动各国经济的复苏发展。从国外经济运行层面看，国际循环畅通发展是构建双循环新发展格局的外部支撑力量和推动力，有利于优化国内循环发展的质量和水平。国际循环的顺畅发展也可以为我国提供稳定的就业岗位，在一定程度上可以缓解国内就业压力，提高人民生活水平，激活消费潜力，扩大内需。此外，我们还可以通过学习效应、溢出效应和示范效应等形式加强与国际的科技合作交流与互动发展，提升国内供给能力，优化产业结构，进一步推动国内经济循环不断向前发展。从经济循环发展的本质上讲，国内国际双循环相互促进共同发展就是要将国内循环融入国际循环，将国际循环内嵌于国内循环，形成国内大循环带动国际循环发展，国际循环促进国内大循环的双循环模式，为中国乃至世界经济复苏繁荣发展提供必要条件。只有国内大循环和国际循环双向互动、共同作用才能促进国民经济实现更加安全、更高质量的发展，才能进一步为推动全球经济发展提供动力。

国内国际双循环相互促进、共同发展的基本内涵要放置在统筹“两个大局”的时代背景下理解。当前，我们正经历中华民族伟大复兴战略全局和世界百年未有之大变局，时与势在我们一边，这是我们的定力和底气所在，也是我们的决心和信心所在。当前和今后一个时期，我国将面临更多的机遇与挑战。机遇与挑战之大前所未有，但总体来看机遇仍然是大于挑战的。这就要求我们在构建双循环

新发展格局的过程中，要把握好“两个大局”之间的关系，把工作重心聚焦到满足人民日益增长的美好生活需要上来，积极畅通国内国际经济循环发展，有效推动更高水平对外开放。我国开放的大门不但不会关闭，而且只会越开越大。眼下，市场才是推动经济社会发展最稀缺的资源。国内国际经济循环互动发展离不开中国市场的支撑，让中国市场成为世界的市场是构建新发展格局的题中之义。我们要在充分激活国内超大规模市场内生动力的基础上，以国内大循环的畅通发展吸引全球优质资源要素，为国际社会创造更加平等、更加便利的投资机会和良好的营商环境，在充分发挥国内循环与国际循环比较优势的基础上使中国的市场资源成为世界大市场的重要组成部分，让世界各国在共建共享的市场资源中找准各自的目标和定位，推动本国经济的发展。“构建新发展格局，实行高水平对外开放，必须具备强大的国内经济循环体系和稳固的基本盘。”同时，我们也要辩证地看待“两个大局”，不断增强防风险意识和安全意识，善于在危机中育新机，在变局中开新局，将扩大内需与扩大开放有机结合起来，将扩大进口与增强对外投资结合起来，使国内国际两个市场在有机互动发展的过程中，重塑我国国际合作和竞争新优势。

总之，构建双循环新发展格局是一个着眼长远的、具有前瞻性的战略抉择。要在理论与实践的统一中，坚持问题导向，保持战略定力，把国内国际双循环放在新时代建设中国特色社会主义现代化强国的布局中统筹把握，整体性推进。我们要站在历史正确的一边，集中力量办好自己的事情，继续坚持对外开放与对内改革相结合的经济发展策略，深化战略性布局，统筹好国内国际两个大局、两个市场和两种资源的优势，推动国内国际双循环高效、高质量运行发展。此外，构建双循环新发展格局，还要加强科技领域方面的开放合作，推动共建“一带一路”走深走实和实现经济高质量发展，要通过国民经济的稳定发展、畅通国内大循环为国际经济复苏发展注入动力，同时促使世界各国人民能够在共享发展机遇与成果的过程中，推动共建人类命运共同体。

第二节　双循环新发展格局的本质特征

社会经济的发展是一个螺旋上升的过程，是分时期分阶段循序渐进向前推进的。双循环新发展格局是我国应对国际经济政治格局演变的破题之道，也是我国重塑经济发展新优势并推动我国经济实现高质量发展的必然选择。双循环新发展格局具有长期性、动态性、系统性、开放性等本质特征。

一、长期性

立足新发展阶段、贯彻新发展理念、构建新发展格局将会面临着许多新问题和新挑战。而这些新问题和新挑战并非一朝一夕就可以解决的，需要我们统筹考虑短期应对和中长期发展的关系，需要我们在长效机制体制的大力支撑和长期有效的制度供给下加以解决。

构建双循环新发展格局是一项长期的战略任务。我们要在深刻把握其内涵特征的过程中，从整体性和系统性出发，加强前瞻性思考，做好全局性规划，并在具体的实践进程中善于抓住主要矛盾，着力解决好关键问题，层层深入，步步推进。在 2020 年 7 月 30 日召开的中央政治局会议上，习近平总书记强调：“中国遇到的很多问题是中长期的，必须从持久战的角度加以认识，加快形成以国内大循环为主体、国内国际双循环相互促进的新发展格局。”可见，我们必须从“中长期”“持久战”等时间维度，更加深层次地去理解和掌握其丰富内涵和本质特征。构建双循环新发展格局已经不仅只涉及供给侧结构性改革方面的发展，而且已经扩展到生产、分配、流通、消费等各个环节的发展。构建双循环新发展格局不是一两年就可以完成的事情，而是要将其贯穿于整个“十四五”规划甚至是未来更长时期的国民经济谋篇布局的发展之中。双循环新发展格局是一项长期的、主动的战略选择。它与以往我们被迫应对外部影响和冲击而制定和实施的经济政策调整不同，过去我们大多数是被动地参与由发达经济体主导的国际经济治理体系的建设，而双循环新发展格局的出发点和落脚点是满足国内需求，以国内大循环为主体，通过国内循环带动国际循环发展，是主动的制度建设，是我们进一步提高对外开放水平、推动国际经济治理体系变革的战略性安排。

构建双循环新发展格局绝不是受外部环境影响和冲击的被动之举，而是基于我国经济发展情况发生变化而作出的一项主动选择、长期谋划和具有全局性的战略抉择。在新发展阶段下，机遇、风险与挑战会交织而来，尤其是我们面对的风险与挑战充满了太多的不确定性。这就势必要求我们在新发展格局的构建过程中以创新为驱动力实现高水平的自立自强。一方面，构建新发展格局绝不是轻轻松松、敲锣打鼓就可以完成的，它的构建具有长期性和持久性等特征。我们不仅要把握好发展与安全之间的关系，更要处理好国内循环与国际循环的关系，国内市场与国外市场能够有效衔接，将创新和发展的主动权牢牢地把握在自己的手中，建设更高质量的现代化国民经济体系，优化升级产业发展结构，不断提升供应链产业链水平和效率，大力攻克关键核心技术，解决各种“卡脖子”和瓶颈问题。实际上自改革开放以来，我国通过外向型经济发展模式，深度融入了全球价值链，加入了国际大循环，取得了经济的快速繁荣发展，人民的生活水平也得到了大幅度的提升，科技创新实力不断增强，从被动参与者、追随者、学习者向主动构建者、引领者、领跑者转变，国际竞争力和影响力不断提升。但也要充分认识到，目前我国创新能力还不能完全适应经济高质量发展的要求，尤其是原始创新能力和基础研究依旧十分薄弱，一些涉及国家安全和科技发展的关键零部件和基础原材料受制于西方发达经济体的局面没有从根本上得到改变。眼下只有不断地提高自主创新能力，加大基础研究投入力度，优化科技资源配置，促进产学研深度融合发展，加强创新人才教育培养，构建开放型创新体系，才能加快攻破科技难点和堵点的步伐，才能建立起自主可控的产业链供应链体系，畅通国内大循环。另一方面，构建新发展格局涉及新的供需体系、新的分配制度、升级后的生产与消费格局和新的经贸格局等，其中还要考虑相应的中长期经济发展目标的设定、经济发展方式的转变、产业结构的优化和升级以及相关体制机制的调整和完善等，是一项具有长期性、全局性、系统性的深层次变革任务。因而，要从持久战、整体性的角度考虑构建双循环新发展格局。

二、动态性

经济活动是一个动态的周而复始的循环过程。一个国家的经济循环活动能否顺畅运行与其所实施的经济政策密切相关。经济政策的制定和实施要遵循一定的社会发展规律。具体问题具体分析，一切以时间、地点、条件为转移是我们制定经济政策所必须遵循的社会发展规律。当前，国际环境变得日益复杂，世界经济处于低迷状态，单边主义、霸权主义、贸易保护主义愈演愈烈，经济全球化遭遇逆流，全球产业链供应链受到严重冲击，我国经济发展面临外部环境的不确定性和不稳定性日益增强。同时，我国国内经济进入高质量发展阶段，前景整体向好，但也面临着诸多中长期问题相互交织带来的一系列风险和挑战。因此，新发展格局的构建并不是一帆风顺的，它在构建的过程中也将会面临着诸多的困难和挑战。从本质上看，它是一项动态发展需要不断调整和完善各项配套政策才能顺利推进其实践建构的历史过程。

双循环新发展格局理论强调的是经济畅通循环发展，更具有动态性与系统性等特征，更能反映经济活动发展的本质。双循环新发展格局理论的形成不是一蹴而就和一成不变的，而是根据国民经济发展的实际情况和国内外发展环境的不同而不断地动态调整和完善的。早在 1987 年，学者王建提出了“关于国际大循环经济发展战略的构想”，认为我们应该利用劳动力成本低廉的比较优势大力发展劳动密集型产业，将农村的剩余劳动力转移纳入国际大循环，通过国际贸易换取支撑我国重工业发展所需的资金和技术，然后再利用工业的快速发展来反哺广大农村的发展，通过国际市场的转换机制，实现国民经济中农业和工业的循环发展。这一构想很快就引起了党中央有关部门的重视，且在随后促成了"沿海发展战略"的提出。1992 年以后，我国对外开放程度再次提高，我国经济深度嵌入全球分工体系之中，从而"两头在外、大进大出"的出口导向型经济发展模式得到深入发展。但随后受 1997 年亚洲金融危机的影响，我国及时调整经济发展政策，实行加快建设基础设施，以扩大国内需求。在之后的"十一五"规划和"十二五"规划中，对"消费、投资、出口"三者拉动经济增长的比例关系进行了深度调整，进一步提出了"扩大内需的长效机制"，将工作重心转移到完善国内各方面建设的发展格局。2015 年，党中央提出"供给侧结构性改革"以着重解决供给侧方面的结构性问题。

2018 年 12 月的中央经济工作会议强调"要畅通国民经济循环"构建现代化市场体系。由此可见，经济工作重点进一步向国内经济循环转变。2020 年初，疫情的全球性大流行致使供应链产业链的稳定性与安全性受到了巨大的挑战，国际贸易投资市场也有了下滑的迹象，世界经济进入持续低迷期。我国经济也受到了来自疫情的影响，大面积的停工停产，国民经济面临较大的下行压力。在此背景下，2020 年 4 月，我国及时地提出了构建新发展格局的战略举措。

统一有序高效的市场是构建新发展格局的基础和前提。而实际的市场本质上就是一个动态演化的生态体系，随着新技术的广泛应用和经济社会发展水平的提升，社会需求、经济结构和市场环境会变得更加复杂多样，新的机遇、新的问题和挑战也会接踵而来，新发展格局的构建也会面临新的压力。因而，我们要根据市场建构的具体环境和社会经济发展的变化对构建双循环新发展格局的具体举措进行不断调整和完善。诸如，要想畅通国民经济循环，增强国内大循环的主体地位，就需要加快建设统一的市场，培育完整的内需体系。而在社会主义市场经济条件下，内需体系的培育也必然是处于动态发展之中，因为内需会随着经济的增长、科技的进步和人口结构的变动而变动。同时在推动国民经济以国内大循环为主体进行良性循环发展的过程中，还要注重解决国内国际两个市场两种资源的内外联动协调发展问题。总之，在新发展阶段，构建新发展格局是一项动态的长期的工程，其间随着国内外市场和经济社会发展环境的不断变化，需要对具体的实践措施进行动态的调整和完善，以推动经济实现高质量发展。

三、系统性

所谓系统思维，就是要从事物的总体和全面上，从要素的联系和结合上研究事物的运动和发展，找出规律，建立秩序，实现整个系统优化。加快建设双循环新发展格局是一项复杂的系统性工程，不仅需要我们在具体的社会实践过程中加强前瞻性思考、全局性谋划、战略性布局、整体性推进，还需要我们充分利用好国内国际两个市场、两种资源，促进国际国内经济循环畅通发展，促进共同富裕。

首先，新发展格局理论蕴含着系统思维。国内经济大循环是一个动态的、复杂的经济循环系统，而国内循环与国际循环之间更是一个开放的、互动的、相互联结的经济系统。同时，新发展格局战略的提出绝不是被动情况下的短期应急之策，也不是一蹴而就的权宜之计，而是在科学统筹“两个大局”下，遵循经济发展规律的必然产物。目前，我国经过40多年改革开放的快速繁荣发展，创造了世所罕见的“两大奇迹”，但随着国际环境和我国社会发展主要矛盾的变化，发展中的结构性、周期性问题凸显，这就促使我们必须要把目光和注意力投放到国内，扩大内需成为新的发展战略基点，高质量发展变成新的发展主题，新发展格局战略由此应运而生。新发展阶段、新发展理念和新发展格局，这三者之间是紧密相连的有机统一体。当前，在新发展阶段下，我们的重要任务就是在构建新发展格局的过程中全方位贯彻新发展理念。新发展格局的构建是面向全国，不是各地都搞的省内、市内、县内的自我小循环。因此，构建双循环新发展格局要坚持系统观念，加强对各领域发展的前瞻性思考，深入研究各领域改革的关联性和各项改革措施的耦合性，加强政策间的协同配合，畅通国民经济循环，推动经济实现高质量发展。

其次，要以系统观念把握新发展格局的内在逻辑关系。新发展格局战略注重强调的是社会运行系统的整体性和全局性，这与以往只针对某个地区或某个行业所出台的发展政策有很大的区别。新发展格局是系统的、整体性的发展格局，以社会发展过程中的各环节、各领域、各层次的有效联结为基础和前提，通过充分发挥国内国际两个大市场、两种资源之间的相互作用，实现国民经济良性循环发展。构建新发展格局是一个系统工程，即要“操其要于上”，加强战略谋划和顶层设计，把握工作着力点。一方面，我们要积极畅通国内大循环，使生产、分配、流通、消费各环节保持有效联通，继续坚持供给侧结构性改革，破除阻碍生产要素自由流动和商品服务自由流通的体制机制，全面优化升级经济发展结构，着力提高全社会的创新能力，积极建立统一高效的市场体系。此外，还要加强需求侧管理，推动消费结构转型升级，不断提高居民消费能力，改善居民消费环境，建立健全现代化流通体系。另一方面，要自觉地将系统观念贯穿建设社会主义现代化强国的全过程、各领域，统筹好国内国际两个大局，处理好国内循环与国际循环之间的关系。立足新发展阶段、贯彻新发展理念、构建新发展格局，就需要树立系统观念，加强前瞻性思考，努力实现更有效率、更加公平、更可持续、更为安全的发展。

最后，构建新发展格局涉及社会经济发展的方方面面，必须坚持系统观念。党的十八大以来，我们党始终坚持系统谋划、整体局部，大力推动党和国家各项事业稳定有序发展，形成了一系列新战略和新布局，促使我国经济发展取得了举世瞩目的成绩。而在这些具体的社会实践发展过程中，系统观念作为一种基础性的思维和工作方法始终贯穿其中，并发挥了重要作用。当前和今后一段时期是我国各类矛盾和风险的易发期，发展环境的不确定性和不稳定性将明显增多，全球产业链、供应链、价值链将会加速重构，这就要求我们要站在全局性和战略性的高度来进行谋划和布局，以此推动构建双循环新发展格局。一方面，要从系统发展的角度进行前瞻性思考，加大对数字经济、数字社会以及生物医疗等战略性新兴产业的投资建设力度。同时，随着贸易保护主义、单边主义、“逆全球化”思潮的加剧，中美贸易摩擦趋向常态化，我国的产业链、供应链安全面临的“断供”风险将会加大，因而要以科技自立自强为核心，加快科研攻关，集中力量重点突破关键核心领域的技术难题。另一方面，要从系统安全的角度进行战略性布局，坚持全国上下一盘棋，充分发挥中央、地方政府的积极性，加大防范重大风险和挑战的力度，不断加强应对突发事件的能力。在世界疫情和百年变局的交织影响下，国际贸易往来将会变得更加复杂，这就需要各级政府要坚持底线思维，增强忧患意识、综合研判、系统谋划，充分挖掘各地区的动态比较优势，调动各方的自主性和能动性，加快推进新发展格局的实践进程。

总之，在新的历史起点上，构建新发展格局绝不能仅仅关乎经济领域，而且要事关全局，从政治、经济、文化、社会、生态等方方面面着手。只有跳出就经济论和短期宏观经济调控论的思维局限性来构建新发展格局，才能在更好地统筹“两个大局”的过程中，整体施策、多措并举，全方位、全领域地协调推进国内循环与国际循环的有效联通、健康和可持续发展。

四、开放性

开放是推动一个国家发展进步的基础和前提，封闭发展必然导致国家落后。对外开放是中国的基本国策，任何时候都不会动摇。当前，中国的发展与世界的发展是紧密联系的，各国的繁荣发展也同样需要中国这个大市场所提供的资源。当今世界，任何国家都不能故步自封，关起门来搞建设，中国经济与世界经济早已同舟共济。

双循环新发展格局是体现开放性的双循环。从本质上讲，推进更高水平的对外开放是构建新发展格局的必然要求，只有在更大范围、更宽领域、更高层次上提高对外开放水平，才能吸引全球优质的生产要素，提升国际合作和竞争新优势，推进共同富裕。现阶段，我国早已嵌入了全球产业链、供应链、价值链体系，因而并不存在与世界各国割裂的国内大循环。国内大循环畅通的前提和基础是要在一个对内对外都是开放性的体系中运行，其生产、分配、流通、消费等各个环节都不能完全与国际大循环相隔绝，在放开的前提下，外资外企和国际人才将在国内大循环的不同领域和不同环节上发挥着重要作用。国内循环与国际循环之间是既对立又统一的辩证关系。高水平高质量的国内循环是国际循环发展的助推器，国内循环水平越高，越能为国际循环提供更大的市场空间和更多的需求与服务。而国际循环越畅通，国内循环所需的国际产业链和供应链的动力支撑就会越容易，国内国际资源的配置效率也会大幅度提高，各国之间也将在相互开放合作中实现互利共赢，共同发展。

构建双循环新发展格局需要开放性思维。习近平总书记多次强调：“我们决不能被逆风和回头浪所阻，要站在历史正确的一边，坚定不移全面扩大开放，推动建设开放型世界经济。”就其开放性而言，国内大循环要以满足人民对美好幸福生活的需要为出发点和落脚点，以国内市场为载体，以国际市场为补充，以科技创新为动力支撑，提升国民经济循环能力。国际循环以国际市场为前提，以国际产业链、供应链为基础，通过国际的经贸活动、国际主体的有效投资、国际金融的自由流动等形式推动世界各国进行经济循环发展。当前，在经济全球化快速深入发展的时代背景下，各国的经济发展政策必然要与国际循环相联结，每个经济体也只有在充分开放的情况下抓住国内国际两个市场两种资源的优势，才能促进更好的发展。眼下，我们构建双循环新发展格局，绝不是要放弃对外开放或是抛弃国际市场，而是要更高水平更高质量地融入国际经济循环体系，以我国经济发展的现实情况为依据，通过充分发挥国内需求潜力，吸引全球优质资源，从而推动经济，实现高质量可持续发展。随着我国居民生活水平的提高，人民对更高质量更高品质的产品和服务的需求越来越多，能够为世界各国提供更多的市场需求。在新发展格局下，中国的大门会越开越大，可以为世界各国企业、公司创造分享中国经济增长红利的机会。而更高水平的对外开放，也有助于为我国吸引更多的外籍人才、投资和其他生产要素，为促进国内经济循环发展提供更多可能。再者，随着我国关税政策的调整和进口商品权限的扩大，也将会更大限度地释放我国的内需活力，从而带动经济发展。此外，从全球经济发展的未来形势看，世界开始进入现代化服务经济和数字经济时代。在百年大变局和国际疫情的双重影响下，加快建设以现代化服务业和数字产业为重点的对内、对外开放是经济社会发展到一定阶段的必然要求，更是加快构建新发展格局的重大任务。在现代化服务业和数字产业快速发展的现实情况下，形成以服务贸易和数字贸易为重点的开放发展新格局，关键在于加快现代化服务业和数字产业的市场开放发展。总之，需要注意的是，构建双循环新发展格局不仅要强调对外开放，更要注重对内开放。对内开放是指内部市场不断打通，东中西部高效联动和梯队发展。构建新发展格局离不开统一、高效、竞争、有序的市场体系，市场体系形成不仅需要国外市场的开放，更需要国内市场的开放。对外开放与对内开放要相互依赖、相互促进，才能实现互利共赢，共同发展，才能为构建新发展格局提供更多的资源和市场空间。

第三章 双循环背景下煤炭企业生态转型制度要求

第一节 煤炭企业生态转型的概念阐释

一、煤炭矿区

（一）煤炭矿区的内涵及特征

煤炭矿区内涵的界定，对煤炭矿区政府规制研究基本理论的建立具有重要意义。通过界定矿区的概念，可确定本书研究的生态治理所需要覆盖的范围以及生态治理的政府规制主题及对象。

我国对煤炭矿区概念的界定，也是伴随着煤炭产业的发展、社会与经济及政府与企业管理意识的进步、环境问题的恶化、精神文明的提升而不断演进与变化的。关于煤炭矿区的定义主要有两种倾向：第一是矿区的自然属性，全国科学技术名词审定委员就曾指出，煤炭矿区是统一规划和开发的煤田或其一部分。第二是社会经济属性。王玉浚（1992）指出，矿区产生原因主要有两种，即行政上或经济上的原因，将邻近的若干个矿井划归一个行政机构管理，其所属的矿井通达区域合称为矿区，或将统一规划和开发的煤田或部分煤田称为矿区。从社会角度进行研究的学者汤万金（2000）则认为，矿区是以生产作业区和生活区为主，辐射一定范围而形成的经济与行政社区。随着环境问题日益严重，它也成了制约矿区发展的因素，人们开始关注矿区经济与环境之间的关系。席旭东（2006）认为，矿区是经济地理区域。付薇（2010）认为，矿区是指矿山生产作业和影响区，生活区以及演变成的乡镇。

综上所述，对煤炭矿区概念的界定大体分两个维度：在空间维度上，煤炭矿区是一个复杂的自然、社会及经济综合体；在治理维度上，矿区是一种具有独立性的社会经济社区单元。从研究目的出发，本书赞同耿殿明（2003）的观点，认为煤炭矿区是以矿业生产为支柱产业并带动催化链条上的衍生产业、服务业等其他相关经济社会领域发展的一个区域，是由一个或多个行政区管辖的社区，具有区域性、产业引领性和社会性。

（二）煤炭矿区的发展阶段

目前煤炭矿区类型有多种分类方法。从矿区开发的规模上分为小型（3 万吨以下 / 年）、中型（3 万—10 万吨 / 年）和大型（10 万吨以上 / 年）矿区；从矿区发展成熟程度上分为新建、在采、成熟和枯竭衰退矿区；从与中心城市的依附关系可分为城市映射型、城市附属型和城市主体型矿区；从矿区所处的环境和区域优势可分为四类：索取型、生态型、衰退型和主导型矿区。这种分类比较契合本书对煤炭矿区生态建设问题研究的需要。

根据矿区所处的环境和区域优势来看，衰退型矿区是指资源开采已进入衰退期的矿区和报废矿井，如淄博、阜新等，在枯竭之前应积极寻找替代资源或向新的产业转型。生态型矿区是指矿区所在地的生态环境脆弱，环境土地承载力较弱，区位条件不具优势等，矿区的开发不能形成集聚及辐射效应。该类矿区要求在保护生态的前提下适度开采，选择生态与生产协调共生。从生态建设的紧迫性来看，衰退型矿区和生态型矿区是生态建设的重中之重。

耿殿明（2003）将我国煤炭矿区的一般发展过程从总体上划分为矿区形成、矿区稳定发展和矿区转型三个基本阶段。传统矿区的形成，是在高度集权的计划经济体制下新建或扩建而成的，在生态环保方面欠账较多，严重制约矿区可持续发展。新型矿区，是我国政府在矿区准入阶段的规制中对申请进入的企业在环境保护生态恢复的强制下进入的，从进入前期申报阶段就开始启动环评等规划工作，至今我国煤炭准入与生产环节已逐渐完善了环境保护生态建设与生产并举的系统，经过 2014 年的淘汰落后产能和兼停并转小型和野蛮开采型煤矿，目前我国绝大多数煤炭矿区属于规范管理的国有企业，环境保护与生态治理体系已经非常健全，但治理效率因各个矿区的情况不同差异比较大。矿区转型阶段是指矿区采空后主业转移，这阶段生态治理成为矿区转型前必须完成的重要任务，也是很多企业转型赖以发展的基础，在尝试利用生态治理发展生态产业，实现煤炭产业向生态产业和服务业、旅游业的转型。所以，可持续发展成为矿山企业秉持的长远期发展与转型发展的科学发展观，使生态建设成为企业发展中不可回避的重要任务。

二、煤炭矿区生态及生态破坏

矿区生态是指由空气、土地、水、植被、生物、矿产等环境因素相互交织、彼此依存的要素组成的一个空间体，生态环境是以人类为主体的、间接或直接影响人类生存发展的自然因子的总和。矿区生态将会随着环境因素的变化而变化。一旦环境因素中的任何一个因素被破坏，都会导致其他因素的连锁反应，从而引起矿区经济、生存安全、社会等方面的一系列变化和问题的产生。所以说，矿区生态是矿区可持续发展的基础，只有实现矿区生态建设的可持续发展，才能实现矿区经济的可持续发展。煤炭矿区的生态破坏分为地表景观破坏及次生灾害、土地污染、生态系统破坏三种类型。

（一）矿区生态地表景观的破坏及次生灾害

矿区生态的破坏主要出现在三个阶段，即煤炭资源开采、煤炭生产过程及其相关的次生灾害。首先在开采环节中，煤炭矿山的开采有露天开采和井工开采两种模式。其中露天开采，占地地表面积较大，对地表带来的破坏比较大，如农田的破坏、植被的砍伐、土壤的剥离、地下掩体的爆破挖掘、煤炭开采中产生的固体废弃物的堆积对地表的占用。井工矿开采对地表产生的影响表现在地表的塌陷和沉降、地裂缝的产生、地下水系的破坏以及因此产生的对地表植被的影响。其次在煤炭生产加工过程中产生的固体垃圾如煤矸石、废弃的砂石等的堆积；在雨水冲刷过程中产生的有害污水污染地表及河道和地下水系；煤矸石自然产生的硫化物等有害气体会破坏植被的生长；在煤炭运输过程中的粉煤及尘土附着在植被上，严重影响植物生长。此外，矿区开发会引起山体破坏，造成山体崩塌、滑坡和泥石流等次生灾害。

（二）矿区的土地污染

煤炭矿区所造成的污染主要包括水体污染、大气污染和固体废弃物污染。水体污染可分为两种，即矿井水和尾矿废水排入河道引起的地表污染和地下水系破坏致使矿井水和矿水透入地下导致的地下水污染。

大气污染可分为有害气体污染及空气酸雨污染。开采过程中会导致地下瓦斯等有害气体的渗出，固体废弃物如煤矸石自然产生的硫化物会导致大气污染；因大气中烟尘粉尘、硫化物等伴随降雨形成酸雨降落地面，污染地表和植被，造成土地污染。同时，生产过程中煤矸石产量巨大导致的企业排土场地狭小不足，企业不得不贴补附近村民鼓励其废物利用，这导致了不少村民拿了补贴后将煤矸石倒运到异地胡乱堆放，有时会堵塞河道、导致煤炭矿区附近更大面积的固废垃圾污染的产生。

（三）矿区生态系统破坏

地表景观的破坏、次生灾害的存在等势必引起地表植被的破坏，土地的污染和干旱贫瘠，破坏了“根系—土壤—土壤生物”的生态平衡，势必引起物种的退化、生物群落的衰减等一系列生态环境的失衡。

三、生态建设与土地复垦

（一）生态建设

在对生态环境建设的界定方面，学者们都曾经做出过不同的贡献。如赵敏（2009）认为生态建设的主要任务是进行生态恢复和重建，以弥补不恰当的人类行为所造成的环境破坏，实现经济、社会效益的和谐发展。吕一河等人（2006）认为，生态建设是人们意识到自身行为对环境破坏的后果，主动开展生态恢复与生态重建过程。而生态建设是一个动态变化的过程，需要经过人们不断地实验、学习和改进，对于科学生态建设方案的形成需要经过问题识别、方案设计、决策、实施、监测与评价以及方案调整等步骤。此外，公众参与的生态建设能够提高生态建设决策的科学性和强化公众对生态环境保护工作的接受度和依从性。赵树迪（2012）认为，生态建设必须解决好的三对内在矛盾，即环境保护与经济增长之间的矛盾、长远利益与眼前利益的矛盾、落后地区与发达地区区域发展不平衡的矛盾。付薇（2010）认为，矿区生态建设内容包括矿区资源有效地开发和利用、清洁生产和示范区建设、生态环境各要素的综合治理、生态环境保护和矿区生态恢复、矿区社区协调建设等部分。

本书认为，矿区生态建设应囊括以下两方面的内容：一是通过生态治理技术进行的矿区环境治理、自然生态恢复和重建；二是通过科学规划设计而进行的矿区区域可持续生态产业的建设活动，主要包括：生态产业的创建和生态产业可持续盈利模式创新、实现的活动，以期通过矿区生态产业的持续盈利，来反哺生态环境治理和生态建设的升级和可持续发展。

不论是矿区环境治理、生态恢复重建活动，还是可持续生态产业建设活动，都属于公共利益方面的经营活动，存在企业的外部性的影响，离不开政府规制的规范和支持。

（二）生态恢复与重建

“生态恢复”（Ecological Recovery）在国际文献中指没有人直接干预的自然发生过程。生态修复即生态重建（Ecological Reconstruction），指在人为辅助下的生态活动。焦居仁（2003）指出，生态恢复主要是指减轻或停止人为对土地和生态的干扰和过载的压力，通过生态系统进行自我修复的过程。这种情况往往是在生态环境系统的受害程度不超负荷的情况下的生态自我修复。生态修复，往往是在生态系统超负荷、只依靠生态系统自身的过程无法恢复到初始状态时采用的生态治理活动。生态重建上述界定的共同观点认为：生态修复可以通过生态系统本身的自组织和自调控能力修复，也可以通过外界人工辅助，但均未明确生态系统本身的自组织的自我调控能力和外界人工调控能力对生态系统恢复作用的主次地位。

（三）土地复垦

“复垦”（Reclamation）一词来源于国外，目前复垦工作是国内外生态恢复的主要手段之一。《美国联邦法典》定义“复垦”是指将已开采完毕的矿区土地治理恢复成联邦管理当局批准使用的不低于开采前土地标准的各种活动。矿区生态建设从工艺上说是属于矿区生态环境综合治理技术（主要包括土地复垦技术和生态重建技术）应用范畴，从管理上来说属于生态建设工程管理的范畴。马静（2003）认为，土地复垦是能够很好地实现对被采矿破坏土地的修复，恢复矿区生态环境，提高被破坏土地的利用率。李志超（2017）认为，矿区土地复垦是指：按照土地利用原理，结合矿山开采后土地破坏特点，对挖损、沉陷、压占土地采取工程、技术和生物措施，恢复土地的生产力和矿区生态平衡的活动。本书认为，土地复垦是指对土地的自然生态破坏的修复和生态恢复下的土地功能的培育和充分利用。复垦技术包括：地表塌陷填埋治理，用煤矸石等固体废弃物充当填埋材料和铺路、制砖等再生利用，植被种植，污水处理与循环利用等。1988 年到 1998 年十一年间，国务院颁布了《土地复垦规定》，在《中华人民共和国土地管理法》中增加部分关于土地复垦的条款。但是，随着社会的发展，计划经济时期适用的土地复垦法律制度已经远远不适用于高速发展的当前的市场经济下的土地复垦工作。如姚瑞瑞（2012）认为，现有复垦制度存在诸如沟通协调机制不完善、验收方法不科学、复垦奖惩措施界定不清晰等问题，甚至存在修复好的农地交不出去的情况（农民认为企业支付的青苗补偿费高于自己耕种土地的收益，所以不想收回土地）。马静（2003）也指出土地复垦激励政策应明确产权关系，对于复垦好的土地可依法有偿使用。我国完整的复垦制度的形成是在 2011 年国务院在原《土地复垦条例》的基础上，颁布了《土地复垦规定》之后。该制度首次明确了历史遗留废弃地复垦的责任主体为政府，对矿建活动损毁土地复垦的监督管理责任在各级政府。至此，开启了矿区土地复垦及生态建设的新篇章。

（四）景观再造

沉陷区的景观再造包括：生态规划、景观修复和景观再造三方面工作，并以景观修复为主。生态建设的前提是做好生态规划工作，既要立足于土地开采前的状况，又要立足于开采后治理成本投入和收益的性价比，同时还要兼顾国家耕地红线，因为矿产开发形成的城镇县市的规划，是一个全方位多视角的整体规划设计工作。所谓的景观修复是指在生态修复的基础上因地制宜进行的景观设计、规划，用观赏性的生态建设成果带动经济效益产出的一种偏重生态产业开发和可持续发展的生态建设活动。如在采煤沉陷区，利用沉陷坑修建公园、岛屿、人工湖、湿地公园、地质公园、滑雪场、运动场等。

（五）生态产业创新

在以上生态修复与景观再造的基础上，利用生态修复的绿地、耕地、公园、湖泊、岛屿、运动场等基础设施，开发新型种植、养殖、旅游观光等生态产业和服务业，如在景观修复基础上开展旅游、农家乐、垂钓、划船等滨水活动，催生更多的恢复该区域的使用功能，提升景观、生态价值及经济价值，便于用增值的经济价值来反哺更多的生态治理工作，便于生态治理工作的可持续发展。

四、项目管理

国际项目管理协会（IPMA）认为，项目是在预定要求（如交付标准等）和一定约束条件（如成本、工期等）下，用以实现既定交付物（如：产品或服务）而进行的临时的、独特的、跨专业且有组织的活动。广义上来说，项目是有始有终、有成本限定、交付标准要求的独特的工作或任务，从普适性角度来看，一切皆项目。IPMA 认为项目管理的过程是以目标为导向、以计划为基础、以团队为模式、以控制为手段、以客户为中心的整合优化、是以责权结合为特征的过程，项目成功的标志是利益相关方满意。

项目根据规模和复杂程度，依次分为项目（project）及项目管理、项目集/群（program）及项目集/群管理、项目组合（Portfolio）及项目组合管理。成熟的项目组织，在各个项目层级上都有相应的项目管理办公室 PMO。项目办公室 PMO 是组织为增强其自身的项目管理能力而设立的一种职能机构。

项目管理起源于 20 世纪 60 年代冷战时期的美国阿波罗登月计划，项目管理技术的使用使阿波罗登月成功，为项目管理的发展奠定了基础。随后项目管理应用从国防领域转向工业/民用工程建设领域并日趋成熟，在降低项目成本、减少项目交付周期、平衡人际关系等方面发挥了关键作用。随着项目规模和资源调配难度的增加，集团管控通过企业项目化治理等管理方式找到了重要抓手。企业纷纷成立各级项目管理办公室，采用项目组合管理实现投资和资源使用的高效率，在具体操作上通过基于对大型项目的层级分解、化整为散进行清晰的责任分工，并在最后集成管理的方法，高效监控项目及项目群、项目组合的收益，来实现战略目标，同时通过组织的项目管理办公室提炼经验教训，建立各级项目组织的项目管理成熟度，如今企业组织层级的项目化治理理论和最佳实践在企业界日趋成熟。正如渠敬东在《项目制：一种新的国家治理体制》中分析的那样，政府大规模的投资若要从中央政府的手中通过各级地方政府下放到市场中去，唯有采用项目的方式得以落实。美国奥巴马政府最早发现了在政府投资中探讨采用项目管理的实践，并在 2016 年底自信地签署并批准《项目集管理改进与责任法案》成为联邦法律，强调在整个联邦政府系统内建立基于标准的项目集管理政策、组建跨机构的项目集管理委员会，促进政府投资成功及项目集管理成功经验分享。

第二节　煤炭矿区生态建设的基本要求

一、生态建设的原则

煤炭矿区生态建设的原则有三个：一是因地制宜、农地优先原则；二是自然属性与社会属性相结合，以自然属性为主的原则，即以自然因素（土壤、地质、地貌、地形、气候、种植习惯等因素）为主，参考社会因素（政府产业倾向等）确定治理方案；三是可持续利用原则，即坚持生态效益、经济效益和社会效益的统一和兼顾，保证经济收益大于生态建设投入，以便使企业或机构有收益反哺生态治理，进一步或更大面积地进行生态治理和景观再造工作。

二、生态建设的主要内容

目前，我国在生态建设方面进行的工作主要有以下内容：一是利用环境保护技术对矿区开采和生产进行环境治理，如清洁生产，开采出的煤炭从传送带封闭地运送到洗煤厂，洗后的煤炭堆放场地加盖顶棚并覆盖遮盖物，在运输过程中车辆覆盖遮盖物、增加坑口电站降低煤炭运输成本和运输造成粉尘煤屑污染；开采过程中的生产废水通过企业自建的污水沉淀、渗透、氧化等程序进行污水净化，达到国家要求的三级以上排放标准（高于欧盟标准）排放或循环利用，目前绝大多数的企业都做到了污水净化达标和零排放。目前的矿山固体垃圾（如煤矸石等），除了部分用来制造建筑材料外，绝大部分用来科学生态修复填埋矿坑，部分根据生态修复标准堆山、铺路、植树、造景，如建立矿山观景台和建造山地景观。

二是通过生态修复技术恢复土壤功能、水系净化修复功能、生态植被和动植物、菌群的生态链。在恢复平整的土地上进行土地养护、植被种植、堆山造景，在塌陷地建造人工湖，进行人工养殖、渔业开发等生态修复建设工作。更大一部分的工作，是在土地平整植被恢复达到国家交付标准后，移交给土地所有人。

三是通过集政府规制、社会资本投入参与、企业自律和产业转型创新之合力进行的生态规划、景观重建、产业扶持，重点在创建生态产业和提升产业盈利，为地方生态治理的可持续发展奠定物质基础、创造开发更多的生产力的永续生态建设工作。如煤炭生产企业在生态恢复和景观区，建立苗圃花卉种植园、畜禽养殖基地供应大中城市市场以及开展地质公园建设、滨水游乐场、农家乐等旅游业。

三、生态建设的目标

生态恢复的目标就是要通过利用先进的生态修复技术，因地制宜地衡量治理后的土地用途，使其达到环境效益、经济效益和社会效益的统一。

（一）环境效益

环境效益就是指在矿山开采过程中对环境造成的破坏行为与环境治理行为，以及其对环境系统结构与功能产生相应的正效应或者负效应的对比。在本书中，主要是指通过生态环境治理，治理地质灾害、调整土地利用结构、改善生态环境、缓解人地矛盾以及增加环境容量等正效应。

（二）经济效益

经济效益是指在矿山生态恢复治理的同时，创建生态产业和创新产业盈利模式，促进当地的产业转型升级，为矿区经济的可持续发展带来活力。通过土地复垦，增加农用地的面积和总量，便于扩大农牧业生产规模增加经济产出、降低企业生产和政府治理成本，增加政府税收。

（三）社会效益

矿山生态建设有助于矿山企业在煤炭枯竭前的产业转移、转型，有助于增加社会就业；生态建设美化了人民群众的生活环境、提高了其生活质量；生态建设中的地质公园和煤炭开采遗迹的保留，有助于地质与煤炭业的科普教育，有助于矿山的历史文化的传承与延续。

第三节　生态建设政府规制的必要性

一、政府规制

政府规制（regulation）理论发端于20世纪六七十年代的美国。政府规制研究重心从最初的公共事业领域转移到环境保护领域是在1970年以后。政府规制的经济学研究是由经济性规制、社会性规制和反垄断规制三个研究领域构成的。生态环境规制属于社会性规制，规制主体是行政机构，规制客体是市场上的各个经济主体，规制的目的是纠正市场失灵提高经济效率，利用政府手中的强制手段限制干预或引导鼓励被规制者的行为，代表著作是卡恩（A.E.Kahn）的《规制经济学》。

就煤炭矿区生态建设而言，政府规制是指政府根据相关国家法规、政策对煤炭企业的行为实行干预，即对矿业企业在市场进入、投资、环境保护、生态恢复、生产安全、退出等行为进行的监管，以期达到维护市场公平、效率，保护公共利益等目的。它既包括对经济主体的负外部性活动和行为的限制，也包括对其正外部性经济行为的补偿等激励，同时也包括对规制机构的行政规制的组织与管理的创新。

二、政府规制的必要性

煤炭矿区企业的生产存在负外部性和信息不对称的问题，政府无法知道企业的生产经营情况，所以无法正确估计其生产活动对生态环境的破坏程度。政府为了消除企业生产活动中对环境造成的负外部性，但又不能插手其内部的生产与管理，只能通过政府规制的间接手段对企业的负外部性行为进行规制。生态建设中，势必牵涉到社会系统方方面面的利益和冲突，会产生社会和市场秩序协调的需求，政府规制作为社会秩序的维护者和监控者不可缺席；随着中央政府将生态可持续发展作为“金山银山”的产业目标的制定，社会对生态环境生态建设的目标和要求不断提高。在新的目标要求下，生态建设的任务剧增，市场对规制政府突出服务职能提出了要求，中央政府适时提出了建设“服务型政府”、提高规制效率的要求。政府部门作为生态建设的规制主体和规制部门，必须从规制的效率出发，创新规制方式、手段和规制组织，以实现政府规制效率的最大化。所以说，生态建设中的政府规制是必要的，不可缺席。

例如，在矿区生态建设规划方面，需要因地制宜规划设计景观再造方案，当前，新的规划方案与复垦前的老旧规划方案，往往会出现很大的偏差。如果按照复垦和生态建设前的老旧规划方案来实现景观再造，则会投入数倍于新规划方案的生态建设成本投资，在这种情况下，政府不如改变老旧城市规划以降低生态治理的成本，提高生态投入的收益。在这种情况下，政府需要通过规制手段，来完善相关立法，解决城市规划与生态建设规划部门间的责权利的矛盾，并对不同领域的规制机构进行规制。

第四节　生态建设政府规制的目标与手段

一、生态建设政府规制的目标

生态建设政府规制的目标有两个。其一，修正市场机制的缺陷，纠正生态建设中的市场失灵，保证市场经济健康发展。煤炭矿区生态建设的政府规制是政府部门依据环境保护、生态建设领域的有关法规，直接对该领域的活动进行规范、约束和限制的行为。它是政府对市场失灵的最常规的回应，其目的就是通过政府规制手段来解决生态治理领域的市场失灵现象。政府为了维护公共利益，通过政府的经济规制和社会规制手段，迫使被规制对象承担在生产过程中的负外部性给公共利益造成的损失。

其二，修正规制机制的缺陷，纠正生态建设过程的“政府失灵”，保证政府规制的效率。生态建设是一个系统工程，牵涉方方面面的部门、机构、社会利益相关方，需要社会资源的高效配置，政府规制政策高效实施的关键是规制单位之间的责、权、利的划分与协作。目前我国煤炭行业规制存在规制机构职责不明确、职责重叠、多头管理、“九龙治水”的问题，需要通过加强政府规制，实现规制体制创新，完善政府规制的体制，改善资源配置效率、提高政府规制效能。

二、生态建设政府规制的手段

屈晓华（2004）认为，微观管理中政府是直接参与和干预企业经营，而政府规制是不参与企业经营，而是通过政策杠杆间接从外部对企业进行约束。我国生态建设的政府规制手段，包括经济性规制、社会性规制和行政规制三方面的手段。

（一）经济性规制

经济性规制主要有针对矿业市场的进入、投资、价格限定与退出等方面的规制。包括税费征收、排污权许可证等。税费包括：环境税、排污费、土地复垦费、水土流失防治与补偿费、治理恢复保证金及押金。

（二）社会性规制

社会性规制是针对煤炭矿区生产和开发外部不经济和信息不对称所导致的环境污染、居民健康和工作场所安全等问题，通过限制、禁止或指定标准的方法对煤炭矿区企业的各类行为进行约束，具体表现为围绕矿山生态环境保护和生产安全为核心的规制措施。在实施手段方面，主要包括限期整治和关停等强制约束限制手段。

（三）行政规制

行政规制主要包括产业规制、行政处罚等。行政规制是行政主体，即政府为了维护秩序或者实现防止危险而对私人的自由和权力进行限制，或者对其富裕所为的象征行为方式。采用的手段有：政府使用行政命令、行政规定、行政指导、行政合同、下达指令性任务，按照行政系统、行政层次、行政区划来管理社会，满足社会对行政规制提出的功能需求。行政规制是由政府引导的，多部门协调合作的，针对问题进行的一系列的预测、监督、指导措施。行政规制更强调强制执行，关注程序上的合规、下对上的负责。从实施目的和调节对象看，产业规制是为实现产业内的市场调节、资源优化配置的行为，是政府实施规制的一种手段。马士国（2007）从导致环境问题出现的原因进行分析指出，对于煤炭矿区环境问题的解决，既不能单独依靠政府规制，又不能单独依靠市场机制，只有将两者结合起来，打破信息不对称，形成合力才能有效地解决环境问题。

综上所述，政府规制从实施手段上看，经济性规制多为直接约束手段，其控制具体约束要素始终是市场中起作用的直接要素，如数量、价格、质量；社会性规制运用的手段多为间接约束手段，控制的具体要素多为法律和行政规定，用以控制和干预被规制方所做出的对社会公众和环境不利的行为。行政规制手段更偏重于行政程序的合规约束，如通过赋予规制机构行使行政权的权限、职责，使其权威得到合法性保障，进而直接影响和约束被规制对象。而规制机构的体制、机制、规制权力的实施等方面将会极大影响规制效率，如规制机构职责重叠相互推诿或利益争夺、行政规制机构监控缺失导致的懒政惰政、寻租腐败等问题，而增加行政规制监督，又将会增加规制成本，降低规制效率。煤炭矿区生态治理中，以上三种类型的政府规制手段中，经济规制和社会规制手段的运用比较成熟，而行政规制方面的手段应用并不十分成熟，尤其是在规制机构的多头治理方面存在一定的混乱和治理低效。

第五节　我国煤炭矿区生态环境建设政府规制的发展

一、政策法规方面的历程与发展

我国在环境保护方面的政策法规也经历了逐渐建立和不断调整完善的过程，时间上自 1962 年至 2018 年，跨度为 56 年。国务院在 1962—1995 年的 34 年间仅颁布了四部法律，可见当时对环境保护和生态建设方面的重视程度不高，当时的开采更多是粗放式破坏严重的开采方式。在 2000—2009 年颁布了十四部法规，环境生态保护受到了国家的高度重视，尤其是这期间频繁出现的雾霾天气引起了全国人民的担忧，催生了我国环保生态建设方面的规章制度的逐步完善。2010—2018 年，国务院密集颁布了十三部法规，系统完善了我国在环境保护生态恢复方面的法律法规（详见表 3–1）。

表 3–1　我国环境规制方面的法律规章

年份	法规规章名称	颁布机构
1962	《矿产资源保护试行条例》	国务院
1988	《土地复垦规定》	国务院
1992	《防治尾矿污染环境管理规定》	国家环保局
1995	《土地复垦技术标准》	国务院
2000	《全国生态环境保护纲要》	国务院
2004	《中华人民共和国土地管理法》	国务院
2001	《一般工业固体废物贮存、处置场污染控制标准》	国家环保总局、国家质量监督检验检疫总局
2004	《关于加强资源开发生态环境保护监管工作的意见》	国家环保总局
2004	《地质灾害防治条例》	国务院
2005	《矿山生态环境保护与污染防治技术政策》	环保总局、国土资源部卫生部
2005	《关于促进煤炭工业健康发展的若干意见》	国务院
2006	《关于逐步建立矿山环境治理和生态恢复责任机制的指导意见》	国土资源部、财政部和国家环保总局

续表

年份	法规规章名称	颁布机构
2006	《关于同意在山西省开展煤炭工业可持续发展政策措施试点意见的批复》	国务院
2007	《煤炭工业节能减排工作意见》	国家发改委和环保总局联合
2007	《节能减排综合性工作方案》	国务院
2008	《中华人民共和国循环经济促进法》	全国人民代表大会常委会
2008	《中华人民共和国水污染防治法》及《水污染防治法实施细则》	全国人民代表大会常委会
2009	《矿山地质环境保护规定》	国土资源部
2010	《中央企业节能减排监督管理暂行办法》	国务院国有资产监督委员会
2010	《矿山采矿生态保护与恢复标准》	国务院
2010	《中华人民共和国水土保持法》	全国人民代表大会常委会
2011	《土地复垦条例》	国务院
2012	《中华人民共和国清洁生产促进法》	全国人民代表大会常委会
2013	《大气污染防治行动计划》	国务院
2015	《水污染防治行动计划》	国务院
2015	《中共中央关于加快推进生态文明建设的意见》	国务院
2016	《土壤污染防治行动计划》	国务院
2016	《污染地块土壤环境管理办法》	环保部
2017	《全国土地整治规划（2016—2020年）》	国土资源部、国家发展和改革委员会
2017	《关于取消矿山地质环境治理恢复保证金建立矿山地质环境治理恢复基金的指导意见》	财政部、国土部、环保部
2018	《中华人民共和国环境保护税法实施条例》	国务院

二、规制机构方面

我国煤炭行业规制机构，经历了从无到有、从有到无的一个过程。煤炭部的前身是1949年成立的燃料工部，1955年，第一届人大第二次会议决定撤销中华人民共和国燃料工业部，设立中华人民共和国煤炭工业部。1970年6月，煤炭工业部、石油工业部和化学工业部合并成立燃料化学工业部。

1975年1月撤销燃料化学工业部又成立煤炭工业部。1988年4月再次撤销煤炭工业部。1993 年 3 月再次成立煤炭工业部。第八届全国人大第一次会议通过国务院改革方案，撤销能源部和中国统配煤矿总公司，组建煤炭工业部（简称煤炭部）。设置十一个职能司和机关党委，并设有专门的环保生态监管机构，只将煤炭行业的环保工作作为六大工作之一的任务指定由生产协调司负责。1998 年 4 月煤炭部再次撤销。

煤炭行业环境与生态保护工作始于 1983 年的煤炭部在平顶山召开的第一次环保会议。煤炭部环境保护委员会主管环保的副部长担任主任。在煤炭部生产司下设立环境保护办公室，副司长兼任室主任。从此煤炭环境生态保护就有了专门的管理部门。1998 年，国务院实行大部制，撤销了煤炭部成立了煤炭工业局，煤炭工业局直到 2000 年才被撤销，但其间环保局一直没撤销，归属在煤炭工业局下属机构。

2000 年，煤炭部环保办公室变成中国煤炭工业环境保护办公室，挂在中国煤炭加工利用协会下，由副司长担任室主任。

2013 年，各部委业务联系要通过煤炭加工利用协会，与各煤炭企业联系国家制定政策法规前也需要协会的专家参与前期论证和研究，国家出台的法规也是通过煤炭加工利用协会进行解读和通知发放才能贯彻到各个矿山。各部委检查工作也需要协会派出专家才能实现，但环保办公室并没有行政权。

在煤炭部撤销又建立的演变过程中，环评办公室和各矿山企业的环保部门一直都存在。

煤炭利用协会在煤炭环保治理工作中发挥着政府智库的重要作用。除了协助部委联系企业、贯彻国家规制政策法规和命令外，还负责提供生态环保技术和业务方面的咨询业务。生态环保方面治理内容包括大气、水体、废渣、噪声，而具体工作包括新井环境保护、锅炉房烟尘环保、企业生产中的节能减排、煤矸石固废处理、土地复垦、生态保护等内容。具体参见表 3–2。

表 3–2　1949 年以来煤炭主管部门与环保部门主要变迁

年份	煤炭主管部门情况	环保部门
1949 年	煤炭部前身是燃料工业部	—
1955 年	一届人大撤销燃料工业部，设立煤炭工业部	—
1970 年 6 月	煤炭工业部、石油工业部和化学工业部合并成立燃料化学工业部	—
1975 年 1 月	撤销燃料化学工业部又成立煤炭工业部	—
1983 年	煤炭部在平顶山召开第一次环保会议，成立煤炭部环境保护委员会主管环保的副部长担任主任。在煤炭部生产司下设立环境保护办公室，副司长兼任办公室主任。从此煤炭环境生态保护就有了专门的管理部门	煤炭部环境保护办公室

续表

<table>
<tr><th>年份</th><th>煤炭主管部门情况</th><th>环保部门</th></tr>
<tr><td>1988 年 4 月</td><td>再次撤销煤炭工业部</td><td></td></tr>
<tr><td>1993 年 3 月</td><td>撤销能源部和中国通配煤矿总公司，组建煤炭工业部（简称煤炭部）</td><td>设有专门环保生态监管机构，指定生产协调司负责</td></tr>
<tr><td>1998 年 4 月—2000 年</td><td>朱镕基实行大部制，煤炭部再次撤销，成立了煤炭工业局直到 2000 年被撤销，但其间环保局一直没撤销，归属在煤炭工业局下属机构</td><td>煤炭环保局</td></tr>
<tr><td>2000 年</td><td>煤炭部环保室变成中国煤炭工业环境保护办公室，挂在中国煤炭加工利用协会下，由副司长担任室主任</td><td rowspan="2">在煤炭部撤销又建立的演变过程中，环评办公室和各矿山企业的环保部门一直都存在</td></tr>
<tr><td>2013 年</td><td>各部委业务联系要通过煤炭加工利用协会，与各煤炭企业联系或发放通知</td></tr>
</table>

第四章　我国煤炭企业绩效评价体系的现状及问题分析

本章首先论述了我国煤炭企业的特征，重点指出了与国外相比，我国煤炭资源地质条件复杂，在安全管理和技术创新上存在薄弱环节；接着论述了我国煤炭企业绩效考评体系的现状，并指出和分析了绩效考评体系存在的诸多问题。

第一节　我国煤炭企业的特征

我国能源分布的显著特点是“富煤、缺油、少气”，其中，煤炭在一次性能源生产和消费中，长期保持 70% 的比重，煤炭为我国电力、钢铁、民用燃料、化工燃料行业分别提供了 76%、70%、80% 和 60% 的能源。根据权威部门预测，这种能源消费格局在今后的 50 年内不会有太大的变化。

为了在设计基于“五型”的煤炭集团内部绩效评价指标体系时能够具有针对性，本书首先对我国煤炭企业的现状进行了分析。

一、生产成本逐年增加

随着矿井建设项目的推进，矿井巷道总长度不断增加；而地下水、天然气、地温和地压也会逐渐增大，这就造成煤炭生产过程中提升、运输、排水和巷道维修的费用越来越高。同时，矿区地面塌陷赔偿、造田复地的费用逐年增加。使得煤炭企业的生产成本逐年攀升。有研究指出，在矿井延深前，煤炭企业生产成本的年递增率大约在 1.4%，矿井延深后，年递增率大约为 2.7%。

二、我国煤炭资源地质条件较为复杂，安全管理任务艰巨

我国煤炭资源赋存地质条件复杂，煤矿的生产不同程度地受到瓦斯、煤尘、矿井水、井下高温、冲击地压和顶底板条件等因素的影响，煤矿的开采条件与美国、澳大利亚等国家相比，存在较为明显的差距，在我国国有重点煤矿中，高瓦

斯矿井占21.0%，煤与瓦斯突出矿井占21.3%，水文地质条件属于复杂或极复杂的矿井占27%，具有自然发火危险的矿井占47.3%，具有煤尘爆炸危险性的煤矿占87.4%，其中具有强爆炸性的占60%以上。在全国大中型煤矿中，自然发火危险程度严重或较严重的煤矿占72.9%。在全国煤矿中，具有煤尘爆炸危险性的矿井占煤矿总数的60%以上，煤尘爆炸指数在45%以上的煤矿占16.3%。

三、安全管理和技术创新上存在薄弱环节

安全管理和技术创新上存在的薄弱环节具体表现为煤矿危险源辨识不彻底或没有进行辨识，没有做到风险预控，安全管理缺乏超前性；管理制度不系统、不完善、不健全；操作程序不清晰、不闭合，没有做到过程控制，安全管理随意，培训不全面、针对性不强，对人员不安全行为缺乏有效控制；对有些事故的发生机理没有完全掌握，未能采取有效的技术措施或技术措施缺乏针对性等。

四、安全事故率居高不下

煤炭行业属于高危行业，在我国，煤炭矿难死亡率非常高。权威资料显示，目前我国煤矿事故死亡人数甚至远远超过世界上其他产煤国煤矿事故死亡人数的总和。2005年，我国百万吨煤的死亡率是2.83，2006年降到2.04，而同处于发展中的煤炭大国，如印度、南非和波兰，它们的百万吨煤死亡率在0.5左右。先进的国家，如美国、澳大利亚等就更低，大概是0.03、0.05，我们比它们高40倍到50倍。

五、环境问题

矿山的开采损毁了大量的耕地资源，尽管很多地方采取了积极的土地复垦措施，但历史遗留问题依然严重。同时，在焦煤生产和选煤过程中排放的废气和废水，对环境造成了很大的污染。因此，环境问题也是煤炭企业面临的一个重大问题。

上述问题的存在，为设计绩效评价体系提供了方向，作为企业行为指挥棒的绩效评价指标，必须针对上述问题解决而设置，从而引导、规范生产经营者的行为。

第二节　我国煤炭企业绩效考评体系的现状及问题

我国现行的国有企业绩效评价体系是2006年9月12日国务院国有资产监督管理委员会（以下简称“国务院国资委”）颁布的《中央企业综合绩效评价实施

细则》，目前，该指标体系主要应用于国有大中型企业，在我国煤炭企业中没有得到广泛的应用，多数煤炭企业采取的考核方法非常原始，即年初制订计划目标，年底对照计划进行考核，这种方法虽然有一定的科学性，但并不能保证计划制订的科学性。目前，大部分煤炭企业的考核指标主要集中于财务等定量指标，不能全面反映企业绩效的真实水平。

目前，我国还没有统一的煤炭企业绩效考评体系，现行的国有企业绩效考评体系也不能很好地适应新时期煤炭企业经营管理的需要，具体表现在以下七个方面。

一、缺少反映无形资产和科技创新的指标

我们正处在知识经济的时代，企业的生存和发展越来越离不开知识资本，评价一个企业是否具备独特的竞争优势，一个重要的标准就是其自创专利与非专利技术的拥有量。企业的无形资产是企业通过长期的经营管理创新和技术创新形成的宝贵财富。所以，衡量一个企业无形资产和知识资本价值的指标应该成为财务指标的重要组成部分，而我国现行的绩效评价指标体系中并没有涉及无形资产和知识资本价值这两方面的内容。

二、没有充分认识到现金流的重要作用

在现代经济社会中，现金流是企业绩效评价的一个很重要的方面。这是因为受权责发生制的影响，企业的利润和资产水平并不能反映企业真实的赢利质量和偿还债务的能力。我国现行的绩效评价指标体系中仅有现金流动负债比率这一个指标与现金流有关，而且它还只是一个修正指标，严重影响了企业绩效评价的客观性和科学性。

三、缺少有利于动态分析的指标

静态分析法是一种为了达到分析计算企业资产或某投资项目的获利能力以及偿债能力等目标而采取的一种数值计算方法，而动态评价既要考虑一定时期内企业现金流量的变化和计价效益，又要考虑资金的时间价值对企业的获利能力和偿债能力的影响。现行的企业绩效评价指标体系大多以财务报表的数据为主要依据，即资产负债表、损益表、现金流量表等作为绩效评价的出发点。该体系的缺点是动态分析指标较少，然而在现阶段，我国市场竞争日趋激烈、产业政策不断调整、企业在发展过程中存在诸多不确定性因素，静态分析难以全面地反映企业的实际经营状况。

四、不能满足多个评价主体的需要

我国企业现行的绩效评价体系大多采用固定权重的方法。作为一个完整的评价体系，企业绩效评价应该是多层次、多元化的，既要满足宏观调控的需要，又要有利于微观层次上企业的自我评价和工作改进。绩效评价的主体应该包括国家行政管理机构、资产所有者的重大利益相关方和企业自身。对不同的利益主体来说，各个指标相对重要程度并不一致。固定权重无法满足不同利益主体的需要。因此，在设计的过程中，绩效评价体系应当根据不同主体的实际需要，建立多种权重的考核指标体系。

五、缺少能够反映可持续发展与和谐发展方面的指标

现行的绩效考评指标体系仍然以经济效益为核心，对企业长期发展能力的评价也仅局限于财务方面。由于这种长期发展能力没有考虑企业与社会和自然的协调发展以及企业的可持续发展，这就促使企业更加关注眼前的利益，以单位投入的产出最大化为目标，缺乏社会责任感，不考虑企业对环境的破坏和对社会公共利益的影响，进而影响到整个产业的中长期发展。所以，可持续发展指标是企业绩效评价指标体系中很重要的一部分。

六、没有反映煤炭企业生产和经营特殊性的指标

建立适合煤炭企业特点和要求的绩效评价体系，前提是必须全面了解和分析煤炭企业生产经营活动的特殊性，把握其生产和经营的特点。因此，煤炭企业的绩效考核体系，不但要有一般工业企业的共性指标，而且要有能够体现煤炭企业特点的个性指标。煤炭企业的主要特征有：资源有限性、投资规模大回收期长、生产成本逐年升高、安全事故率居高不下和环境问题日益严重等，而现行的国有企业绩效评价指标体系并没有针对煤炭行业特点的指标，更没有能够反映煤炭企业生产和经营特殊性的指标。

七、缺少与企业战略目标相适应的集团内部绩效考核体系

绩效考评体系的建立必须符合企业的发展战略，通过各个基层生产经营单位的共同努力，以实现集团公司的战略目标，虽然神华集团提出了建设“五型企业”的煤炭企业的长期战略目标，但如何实现这一目标必须要有相应的保障体系，其中绩效评价是主要的工具和途径。而目前与“五型企业”相适应的集团内部的绩效评价还是空白，这也是本书要解决的关键问题。

第五章　双循环背景下煤炭企业转型发展动态监管机制

根据我国能源禀赋的特殊条件可知，在我国的能源结构中，无论是石油、天然气等传统化石燃料，还是风能、太阳能和生物能源等可再生新能源，煤炭在能源资源中都占据主导地位。由此可见，煤炭是我国能源保障的根基，并且这在未来很长一段时期内都难以改变。而煤炭行业如何实现可持续绿色发展仍是我们面临的重大挑战。2003 年，中国工程院院士钱鸣高首次提出了煤炭绿色开采的概念，并详细介绍了绿色开采的技术体系。在绿色开采理念的指导下，我国煤炭企业最终将实现资源开发、资源综合利用以及环境修复和保护多方面协同发展的格局，这将奠定可持续发展的基础。为此，本书在对绿色开采的技术、内涵以及运行的特点进行综述的基础上，结合大型煤炭资源开采案例，对我国现阶段实行绿色开采的现状进行了分析，并基于分析指出现阶段我国绿色开采所面临的挑战和问题，一是基于企业层面的绿色开采效率评估体系和方法的缺失及其所导致的管理问题；二是政府动态监管体制作为绿色开采的协同治理的保障机制，其制度和对策建设迟滞性制约了绿色开采的推进和实施。对于这些问题，本章就政府动态监管机制建设问题，基于演化博弈理论给出了完善和改进的对策，期待着提高政府动态监管的效率，改善政府、企业间协同治理的保障机制。

第一节　政府监管的必要性分析

煤炭绿色开采是煤炭行业的龙头和示范性事件。煤炭工业生态建设是煤炭绿色开采及煤炭清洁运用的主要内容。推进智能绿色采矿和煤炭生态建设是搞好煤炭行业的必经之路。中国煤炭工业协会会长王显政在论坛上提到：促进科技与经济的紧密结合，促进产学研一体化，是提高煤炭工业绿色开采效率的必然要求。

一、政府监管下的绿色开采成果

目前为止，我国绿色开采已经取得了一定的成效，首先是实现了以大柳塔、红柳林煤矿为首的一些高产能矿山，以及以锦界、黄陵二号井为典型的多个数字矿山和智能采矿工作面，其主要经济技术指标已进入国际先进水平。其次，以煤矿保水开采和充填开采为主的绿色开采技术得到广泛推行，煤矸石综合利用率达64.2%，矿井水利用率高达70.6%。建成了同煤塔山、神华宁东等一批循环经济产业园区，初步达成了矿山开发与自然协调发展的绿色模式。最后，矿区土地复垦和生态修复工作已显示出丰硕成果。例如，开滦集团将矿山环境管理、矿业遗产保护和矿业文化资源开发利用相结合，建设了一个高水平的国家矿山公园，推动了工业旅游产业的进步。神华神东着力于创建“三期三圈”绿色生态系统，实现了矿区治理大面积覆盖，可达近260平方公里，植被覆盖率提升了近50%，由10%提高到目前的60%以上。通过对徐州市贾汪区潘安湖采煤沉陷区的综合治理，形成了一套集高标准连片农田、产业园区和湿地公园于一体的集中式生态，推动了矿区资源开发与生态环境融合发展。在煤炭绿色开采方面，中国工程院院士、陕西省地质调查院教授级高级工程师王双明一针见血地提出：西部的生态环境脆弱，对其研究很有必要。在该地区开采煤炭时，需以研究煤一水空间组合特性为基础，以开采地质条分区为路径，以采煤方法规划为方式，以预防隔水岩组隔水性损害为目的，以保护生态水位为关键，达到采煤与生态环境保护并举的目标。对于采煤沉陷区的土地整治、利用和生态恢复，煤炭科学研究总院唐山研究所首席科学家李树志指出：应重视技术研究的六个方面，即控制开采损害、建设和运用采煤塌陷区、修复采煤塌陷区农业、提升采煤沉陷区生态保护机制、监测与评价采煤沉陷区治理利用、转变煤矿资源再利用。

二、政府干预与动态监管机制亟待改革

虽然取得了以上的成就，然而，要实现煤炭的绿色发展，还有很长的路要走。由于我国煤矿开采条件多样和复杂，思想、技术和管理水平不均衡，给绿色开采带来了严峻的挑战。这主要表现在绿色开采推广上和实施上存在着巨大的资金和技术阻碍，特别是对于煤炭资源开采实体方面，如何实现经济效益、社会效益和环境效益三方协同发展共赢是企业面对的重大挑战。从某种程度上说，除了一些大型国有煤炭企业成功实施绿色开采外，对于大多数的煤炭企业而言，囿于成本和效益的压力，缺乏实施绿色开采的动力，也就是说，它们并不积极地实施绿色采矿。具体说，短期来看，绿色开采的边际成本往往大于边际收益，而企业的根本属性是营利。另外，企业作为市场的微观主体，其经营行为和制度选择往往呈

现出有限理性的特征。因此，绿色矿业是我国能源可持续发展的重大战略，从环境、经济社会系统的协调发展以及国内外的成功实践角度看，政府干预和动态监管机制的建设是十分必要的。在目前的经济体制下，政府如何遵循现代经济规律制定出较为高效的动态监管机制，是本章探讨的重点。

第二节　基于演化博弈的政府动态监管机制建设对策

上一节论述了绿色开采中政府干预的必要性。政府干预的手段，除了财税政策激励之外，还要有基于监管的激励与约束手段。正如第三章案例分析所得到的结论，从自身的发展看，企业也呼吁政府的动态监管机制以及基于合理高效的监管机制而形成的绿色开采协同治理体系。

当政府实施绿色采矿政策时，将审查企业的实际生产情况，并确定其实施绿色采矿的效果，据此，采取进一步的监管措施。本书建立的绿色开采效率的两阶段评价体系与模型，就是从效率角度对绿色开采的效果给出了评价数据。基于数据的支撑，政府的监管和治理政策的制定将更加符合实际，具有更高的靶向治理特征。此外，从经济学的角度看，政府也是具有有限理性的利益寻租主体，虽然政府名义上是公众利益的代言人，但事实上，各政府部门也会根据自身利益来考虑这个问题。具体到绿色开采的监管机制上，政府行为也要受到监管成本、监管能力、监管意愿等因素的制约，例如，如果政府监管的成本超过罚款收入，或者有效实施有一定难度，政府很可能会放松监管。再例如，如果政府实施监管在经济效益上是可行的，那么政府纵容污染企业的行为以获取更多的罚款则是非常有可能的。

在我国政府各职能部门中，涉及煤炭绿色开采监管事务的部门与结构也较为复杂，如矿区国土资源机构的首要任务是针对煤矿对地质环境破坏进行严格监控，而矿区环境保护相关单位则主要负责对矿区污染状况展开管控。矿区水利（水务）管控机构是针对以下两方面的状况进行监督管理：矿区的地表和地下水的破坏状况、水土保持工程构建进展。从博弈论层面分析，上述一系列政府机构与煤矿单位的监督联系本质上也是某种形式上的博弈关系，在利用博弈论对绿色开采的监管问题与机制进行研究的领域，我国学者已做了大量的工作。如龙如银、董洁（2005）两位学者从开采动力的角度出发，研究煤炭企业，特别是中国煤炭企业在绿色低碳环保可持续开采的现状。得出企业现在所面临的问题是缺乏低碳开采动力，并对其缘由进行了分析，也给出了解决此问题和提高动力的方案和对策；徐水太、朱国平（2008）两位学者又从政府的角度去研究，从政府的监督管理与控制方面出发，去探讨煤炭企业可持续发展的策略和提升途径；卢方元（2007）从政府单位和开采企业的层面出发，研究政府环保单位与煤炭企业相互之间的影响，并对它们相互作用时的博弈战略抉择状况进行剖析；顾鹏、杜建国等（2013）从政府单位和开采企业的层面出发，对政府环境监督管理和企业排污机构整顿活动进展情况进行分析；李娟、胡振琪（2008）对矿山开采生态补偿管控体制与策略主张做了深刻探究。然而，有关煤炭绿色采掘管控层面的研究和文献依然十分匮乏。本书的研究正是在对绿色开采效率进行量化度量的基础上，进一步从监管机制的设计和制度安排上落实效率提升的政策建议，本书将利用演化博弈理论和模型对政府和煤炭企业在有限理性的假设下实现动态博弈过程均衡与策略安排展开研究，为完善和改进我国绿色开采监管和协同治理机制的打造提供研究依据与建议。

一、减少政府单位监督管理成本

假设其他影响因素值维持在基准状态，在标准状况下，减少政府管控所需资金，政府管控成本降低后经历一段短时间的波动，煤炭企业单位将会选取较为稳妥的“绿色开采”战略，煤炭企业选取绿色开采政策的起始比值越高，博弈收敛到理想状态所需要的时间就会越短。

二、提高政府监管能力

仍然假定其他因素维持标准情况下的取值不变，同时在标准情况下加强政府监管机构的监管能力，强化政府机关单位的管控程度，这样能够较快地将煤炭企业战略引至绿色开采的模式之下，收敛效果没有明显波动，而且收敛时间较短，这充分表明强化政府监管能力具有良好的政策效果。

三、提高政府监管意愿

假设保持其他影响条件处于标准状况不改变，在标准状况下加强政府监管机构的管控意图，在一段时间内博弈结果出现了不同波动，最终，这里经历的时间较长，煤炭企业单位会选取均衡战略绿色开采。然而，要注意该战略变动的成效不及增加政府监管强度的政策效应作用力强，突出表现在其波动性和耗时较长，在这个过程中将产生较高交易成本，从而降低其政策调整作用效力和强度。

四、增加对政府部门问责机制的实施力度

仍然假设其余因素维持标准情况下的数据不改变，在基准状态基础上增加对

政府监管部门的问责强度，通过增加对政府监管部门的问责力度，在经过一定时间的波动后，最终收敛结果显示，该政策策略的调整能够将煤炭企业群体的行为取向与策略选择引导到绿色开采模式之中。此外，可以发现煤炭企业采用绿色开采的初始比例的大小会影响收敛的速度，初始比例越高波动越早，波动的时间越短，近乎平衡状态的收敛速度越快。

五、加大对违背绿色开采规定的企业的惩罚力度

这里依然假设维持其他因素处于基准状态不改变，并在基准状态基础上增加对违规企业的处罚强度（这里的违规是忽略国家和地区对环境保护、资源综合利用等绿色开发的法律法规制度政策的要求，依然粗放开采，对环境和生态产生不可修复的损毁），加强对违规开采企业的负激励，可以以较快的速度将煤炭企业的行为选择引导到绿色开采的模式之中，这种政策调整策略影响力较大，也较为直接，在整个收敛过程中，几乎没有出现波动，收敛的速度也较快，各种采取绿色开采的初始比例的收敛速度差距不大，这一收敛特征充分表明这一政策取向具有较为直接的效力和作用。

第三节　绿色开采动态监管机制优化对策体系

在对我国煤炭企业绿色开采效率进行实证研究的基础上，进一步就实证研究中通过量化结果得到的政策建议进行深入研究。通过引进和应用演化博弈模型，构建影响因素、价值矩阵、动态方程、参数与约束条件设计、雅可比矩阵求解以及数值模拟，较为可视化地揭示了我国煤炭资源绿色开采的监管机制的优化方向以及策略选择的依据，并在科学分析的基础上，对我国绿色开采的协同治理机制的构建和优化提供了参考和路径。

煤炭资源绿色开采监管主要涉及政府监管部门群体和煤炭企业群体之间的策略选择和交互作用，本章为了更直观地反映现实中的监管体制，建立了两组之间的博弈进化模板，解析了博弈进化的稳定性和博弈矩阵变化数据对博弈平衡效果的作用。通过分析得到了两个博弈演化均衡点，一是政府采取松懈监管策略，煤矿企业采用粗放式（传统）开采方式，造成对环境资源不可修复的损毁；二是政府采取严格监管策略，限制煤矿企业采用粗放式（传统）开采方式，增强了资源开发与环境的可持续性。前者代表了一种不良稳定状态，后者代表了一种优异的管控情况。政府监管成本、政府监管单位的能力和意图、政府管控部门的问责强

度、煤炭企业开发成本、煤炭企业违规行为的处罚强度等有参考数据的变动决定了上述两种结果出现的概率。

从数值模拟的结果可以得出，强化政府监管能力、加大对企业违规行为的处罚力度具有较强较快的效果和影响力。在制定监管政策时不妨依据演化博弈的结果优先调整政策取向，如更加重视政府监管能力的提高以及对违规企业负激励力度的设计问题，从而以加快的速度和较强的影响力，实现绿色开采监管机制优化。再如，通过数值模拟与基准状态的比较结果可知，降低政府监管成本、提高政府监管意愿、加强对政府监管部门的问责也对改善监管绩效具有正向影响效果，但是其发生作用的时间较长，作用的过程容易出现波动和反复，这对监管当局的信心和成本都有一定的影响，在对这种影响有充分理解和认知的基础上，也可以适度地从上述三个方面作出政策调整，从而系统地优化我国煤炭资源绿色开采的监管机制。

第四节　政府监管与治理的政策建议

通过以上解析，阐明了煤炭企业与政府在绿色采矿技术实施过程中的博弈过程和结果。根据促进煤炭企业可持续发展的原则，可以形成以下政策建议。

一、政府发起建立绿色诚信体系

提高煤炭企业绿色开采技术的效果。利润最大化是企业管理的主要目的，所以只有从源头上给予企业利益，才能最大化地提高企业实施政策或技术的动力。一方面，政府可以为积极实施绿色采矿技术的煤炭企业提供财政补贴和激励，为企业带来切实的经济收益。另一方面，政府可以通过设立“绿色诚信体系”，依照企业具体的表现，将企业单位的信誉测评等级评级和社会责任评价联系起来。在评级和评估方面，将信贷政策、财政支持、荣誉奖等层面作为奖励，分别从制约和鼓励的视角实行绿色开采。

二、政府创新财税政策激励绿色开采主体

积极倡导企业进行绿色采矿技术创新。因为绿色技术创新要求大量资金注入，而企业的直接经济收益相对较少。这会造成经济收益小于社会和环境收益，技术创新积极性欠缺。因此国家应提高对煤炭科学技术的财政支持力度，尽可能多地引入应用或引进国内外先进适用的采煤技术来提高煤炭绿色采矿技术的科技

含量。可通过以下三种财政方式来激励绿色开采：调节矿产资源税务费用、减少或免除企业大型科技改造项目所得税等方式，给对在环境保护领域开展技术研发的矿山一定的税务减免和成本支持。

三、政府适度提高处罚力度

消极激励也是实施政策或技术的一种方式。不合理采煤造成的负外部性越来越危急，因为其造成的社会成本过高，必须由实施这种不合理开采的企业承担。一方面，通过惩罚可以让他们在思想上受到教育并产生警觉，提升他们的可持续发展意识，促进绿色采矿的实施。另一方面，政府可以利用这些惩罚的收益来治理环境方面的问题。尤其要强调的是，政府处罚的强度很有必要加强，否则一些企业权衡利弊后，宁愿选择接受处罚，也不会采取先进的开采技术。在具体处罚方式上，除了必要的资金处罚外，在公众日益关注企业社会责任的时代，还可以辅以通告批评，定期将不良企业的行为公之于众，在公众的监督下，在道德上制约这些企业的行为。

四、政府切实提高监管能力

政府作为公共利益的代表，有责任和义务加强自身的行政效率。首先，进一步改善政府评估标准是关键。其次，监管人员提升业务能力也是题中之义。最后，完善政府的测评机制很重要。例如，把企业的排污治理和政府部门监督状况及工作绩效联系起来，进行相关性评估，可防止政府纵容企业，最大限度服务于公众利益。

第六章　双循环背景下煤炭企业转型发展中人力资源体系的优化

第一节　煤炭企业人力资源管理体系现状及问题分析——以NY集团为例

一、山东 NY 集团基本情况

山东 NY 集团是山东省委省政府站在保障全省能源安全的战略高度，由原 YK 集团和原山东 NY 集团于 2020 年 7 月联合重组成立的大型 NY 集团，担当“保障能源安全、优化能源布局、优化能源结构”职责使命，以煤炭、煤电、煤化工、高端装备制造、新能源新材料、现代物流贸易为主导产业，权属企业分布在国内 19 个省（区）和境外 9 个国家。目前，集团全部用工 25.7 万人，党员 5.3 万名，党组织 3459 个。拥有上海、深圳、北京、青岛“四位一体”金融投资平台，构建形成兖矿能源、兖煤澳大利亚、云鼎科技、山东玻纤四家主板上市公司，新风光电子科技一家科创板上市公司，丰源轮胎等四家新三板挂牌企业的境内外多层次资本市场上市格局。2020 年，山东 NY 集团完成煤炭产量 2.7 亿吨，实现营业收入 6572 亿元、利税总额 437 亿元、资产总额 6851 亿元，是山东首家“双 6000 亿”企业。

2021 年实现营业收入 7520 亿元，利润总额 233 亿元，年末资产总额达到 7510 亿元，位居 2021 年世界 500 强第 70 位。

（一）山东 NY 集团煤炭业务板块

煤炭业务是山东 NY 集团的核心业务，是公司最主要的利润来源。拥有本部、陕蒙、澳洲、新疆、山西、贵州“六个煤炭基地”，建成一批安全、绿色、智能、高效“四型矿井”，资源储量达到 900 亿吨，国内外矿井 107 对，产能 3.56 亿吨，产量位居全国煤炭行业第三位、全球第五位。公司已建立起完整的“资源储备→技术研发→煤炭采选→产品加工→运输→销售体系”业务链。公司煤炭业务主要集中在兖矿 NY 集团股份有限公司、兖矿新疆能化有限公司、陕西未来能源有限公司、新汶矿业集团有限责任公司等。其中兖矿 NY 集团股份有限公司的煤炭经营主体包括兖矿 NY 集团股份有限公司本部、兖煤山西能化有限公司、兖煤国际（控股）有限公司等。

2018 年，山东 NY 集团煤炭产量为 27313.65 万吨，煤炭销量为 22115.67 万吨，煤炭板块实现营业收入 1573.50 亿元。2019 年，山东 NY 集团煤炭产量为 39472 万吨，煤炭销量为 22118.32 万吨，煤炭板块实现营业收入 1589.29 亿元。2020 年，山东 NY 集团煤炭产量为 27001 万吨，煤炭销量为 21204 万吨，煤炭板块实现营业收入 1467.79 亿元。

（二）山东 NY 集团贸易业务板块

贸易业务占山东 NY 集团收入的比重较高，公司贸易业务主要从事有色金属、油品、矿产品、化工产品、林业产品等物资的批发销售，既包括集团产品的销售，又包括集团外商品的贸易。公司贸易业务运作的主要主体有山东能源国际贸易有限公司、山东 NY 集团煤炭营销有限公司、山东中垠国际贸易有限公司、中垠物产有限公司、青岛中兖有限公司等，基本运作模式为从上游客户购买有色金属、油品、矿产品、化工产品、林业产品等产品销往下游贸易商实体单位，结算方式主要为现汇、银承和信用证。山东 NY 集团在稳固发展煤炭开采主业的同时，充分利用丰富的人力、技术、市场和管理资源，大力发展贸易业务，满足下游客户对不同产品的需求。

山东 NY 集团以"营贸服务实体、实体支撑营贸"为根本原则，以"上控资源、中控物流、下控渠道"为行动准则，以营销、贸易、物流、大宗商品交易平台为主要业务布局，以"专业化、智慧化、平台化、协同化"为基本导向，推动营贸一体化建设。

根据产业规划，山东 NY 集团正逐步对集团内的物流业务进行整合，以全面提升该业务板块在集团发展中的基础支撑作用。未来山东 NY 集团将立足于服务实体，以营销、贸易、物流为主要业务和大宗商品交易平台及供应链金融为重要协同业务，以国内能源供应链为主，以国内国际能源供应链双循环相互促进为重要补充为基本布局，以煤焦钢建、有色金属、煤化工产业链为主要市场，以供应链垂直综合服务为主要模式，打造煤焦钢建、有色金属及煤化工产业内具有控制力的供应链垂直综合服务商，成为集团收入的重要"支柱"、产业拓展的"前哨"和优化生产的"源头"，跻身国内能源和有色金属流通行业一流企业行列，成为具有一定国际影响力的大宗能源商品交易平台运营商。

（三）山东 NY 集团其他业务板块

1. 煤化工业务板块

煤化工业务是山东 NY 集团“煤与非煤”并重战略中重要的业务之一，2004 年以来，公司布局了山东鲁南、陕西榆林、贵州开阳、新疆乌鲁木齐及内蒙古鄂尔多斯五大煤化工产业基地，着力建设煤化工循环工业园区。截至 2020 年末，山东鲁南和陕西榆林煤化工基地的多个项目已建成投产，已具备甲醇 535 万吨 / 年、醋酸 100 万吨 / 年、尿素 52 万吨 / 年、焦炭 495 万吨 / 年生产能力。煤化工产业建成煤气化、煤液化两大国家级平台，分布在山东、内蒙古、陕西、新疆 4 个地区，年化工产品生产能力超过 1500 万吨，拥有甲醇、醋酸、焦炭、煤制油等 17 个品种，甲醇协同产销量位居全国第一，高端聚甲醛、醋酸产量分别位居全国第二、第三。

2. 煤电业务板块

煤电产业建成一批大容量、高参数机组，运营及在建控参股规模达到 1640 万千瓦。盛鲁电厂是蒙电入鲁首个投运的百万千瓦级项目，NY 集团为实施主体。

3. 新能源业务板块

新能源新材料产业涵盖风电、太阳能、生物质能、氢能、洁净型煤等多个板块，拥有合成尼龙及改性产品、无卤阻燃剂、玻璃纤维等产品。联合成立氢能源产业联盟，与中国石油大学合作共建新能源学院，参与筹建山东 NY 研究院，成为山东新建三大研发平台之一。

4. 高端装备制造业务板块

高端装备制造产业加快向中高端迭代升级，涉及液压支架、刮板机、掘进机、皮带机、装载机、破碎机、变频器、型材等产品，激光熔覆加工能力较强，东华重工成为卡特彼勒液压支架产品全球供应商，轻合金公司成为复兴号高铁型材主力供应商、中车四方市场份额突破 65%。

5. 现代物流贸易业务板块

现代物流贸易产业建成海南国际能源交易中心、山东国际大宗商品交易市场、齐鲁云商等线上线下平台，线上交易总额突破 2300 亿元。

二、山东 NY 集团人力资源管理体系现状

（一）山东 NY 集团人力资源管理结构

山东 NY 集团从成立开始，人力资源工作建设就受到了企业的重视，从一开始的人事管理逐渐发展到现在的人力资源管理，逐步形成“总部—产业集团—成员企业”的三层组织架构。在组织架构方面，山东 NY 集团在各层组织架构均设

置了相应的管理部门，规范行使相关管理职能。集团公司本部组织结构如图 6–1 所示。

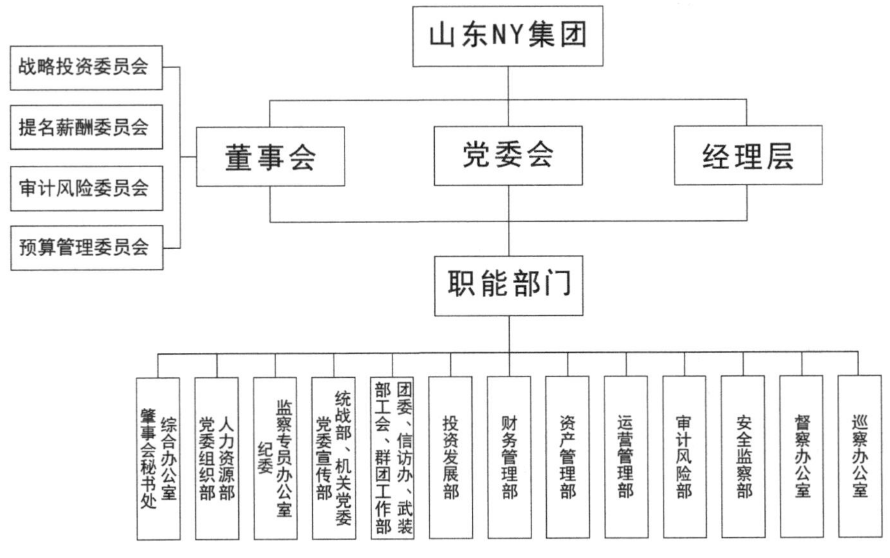

图 6–1 山东 NY 集团本部组织结构

虽然山东 NY 集团在三层架构中都建立了相关的人力资源管理部门来行使相应职能，但是不同层级的人力资源管理职能聚焦点不同。对于山东 NY 集团的集团人力资源部来说，除了需要负责总部的人员招聘和管理之外，还需要担起监督、指导整个集团人力资源部门规范执行管理职能的职责；对于产业集团层级的人力资源部来说，其任务主要是承担产业集团内部的相关人力管理工作；对于第三层级也就是成员企业的人力资源管理部门来说，该部门主要任务是规范本公司的相关人力资源工作，并要受到上级部门相应的指导及监督。

（二）NY 集团人力资源概况

1. 调查的基本情况

为充分了解 NY 集团公司的人力资源情况，需要通过调查的方式对现阶段集团公司在岗的从业人员进行调研。笔者于 2020 年 9 月对 NY 集团的人力资源情况进行了问卷调查，调查内容涉及员工的岗位分布、地区分布、年龄分布等人力资源的基本情况，调查时间为期一个月。在公司的大力支持下，本次调查通过内部渠道分发到各级公司的人力资源管理部门，调查范围涉及山东 NY 集团全部从业人员，调查回收率 100%。

2. 调查结果分析

对调查结果进行统计分析发现，NY 集团从业人员共计 256935 人，其中在岗 237083 人（在册在岗人员 190855 人，实际管理人员 20517 人，劳务派遣人员 25711 人），离岗人员 19852 人（在册离岗人员 16907 人，实际管理离岗人员 2945 人）。

首先，是在岗人员年龄结构分布情况。山东 NY 集团的在岗人员中，25 岁及以下人员 6100 人，占在岗人员 2.57%；26—30 岁人员 20148 人，占在岗人员 8.50%；31—35 岁人员 42540 人，占在岗人员 17.94%；36—40 岁人员 42274 人，占在岗人员 17.83%；41—45 岁人员 41082 人，占在岗人员 17.33%；46—50 岁人员 49887 人，占在岗人员比 21.04%；51—55 岁人员 31187 人，占在岗人员比 13.15%；56 岁及以上人员 3865 人，占在岗人员 1.64%

从年龄结构的分布可以看出，山东 NY 集团的在岗人员中 46—50 岁的员工占整体员工人数比例最大，25 岁以下和 56 岁以上的员工占比最小。以年龄分类标签的中位数代表该年龄段的年龄，分析发现山东 NY 集团在岗员工的平均年龄约为 41.16 岁，进一步说明了集团在岗员工整体年龄偏大。

其次是在岗人员岗位分布情况。在岗人员中，按用工性质分，管理技术人员 43558 人，占在岗人员 18.37%；岗位工人 193525 人，占在岗人员 81.63%；按岗位类别分，采掘一线人员 48068 人，占在岗人员 20.27%；井下辅助人员 43672 人，占在岗人员 18.42%；地面直接生产人员 50191 人，占在岗人员 21.17%；地面辅助生产人员 16098 人，占在岗人员 6.79%；后勤服务人员 43860 人，占在岗人员 18.50%；机关部室人员 35194 人，占在岗人员 14.84%。

采掘人员中采煤人员 17555 人，占在岗人员 7.40%，其中管理技术人员 1309 人，岗位工人 16246 人；掘进人员 30513 人，占在岗人员 12.87%，其中管理技术人员 1922 人，岗位工人 28591 人。

井下辅助人员中机电人员 7677 人，占在岗人员 3.24%，其中管理技术人员 725 人，岗位工人 6952 人；运转人员 5162 人，占在岗人员 2.18%，其中管理技术人员 420 人，岗位工人 4742 人；通防人员 5154 人，占在岗人员 2.17%，其中管理技术人员 644 人，岗位工人 4510 人；运搬人员 7310 人，占在岗人员 3.08%，其中管理技术人员 482 人，岗位工人 6828 人；其他专业人员 18369 人，占在岗人员 7.75%，其中管理技术人员 1720 人，岗位工人 16649 人。地面直接生产人员中选煤人员 7843 人，占在岗人员 3.31%，其中管理技术人员 679 人，岗位工人 7164 人；化工生产人员 11781 人，占在岗人员 4.97%，其中管理技术人员 1421 人，岗位工人 10360 人；其他专业人员 30567 人，占在岗人员 12.89%，其中管理技术人员 3848 人，岗位工人 26719 人。地面辅助生产人员中煤矿机加工人员 3098 人，占在岗人员 1.31%，其中管理技术人员 261 人，岗位工人 2837 人；其他专业人员 13000 人，占在岗人员 5.48%，其中管理技术人员 2549 人，岗位工人 10451 人。

后勤服务人员 43860 人，占在岗人员 18.50%，其中管理技术人员 7626 人，岗位工人 36234 人。

机关部室人员 35194 人，占在岗人员 14.84%，其中管理技术人员 19952 人，岗位工人 15242 人。最后，在岗人员地区分布情况。从产业布局区域分布来看，山东 NY 集团在岗人员分布在山东本部基地 191673 人，占在岗人员 80.85%；陕西地区 10787 人，占在岗人员 4.55%；内蒙古地区 19031 人，占在岗人员 8.03%；贵州地区 5812 人，占在岗人员 2.45%；新疆地区 3118 人，占在岗人员 1.32%；山西地区 4888 人，占在岗人员 2.06%；其他地区 1774 人，占在岗人员 0.75%。

山东地区人员中煤炭产业人员 125276 人，其中管理技术人员 17121 人，岗位工人 108155 人；化工产业人员 11718 人，其中管理技术人员 1475 人，岗位工人 10243 人；装备制造产业人员 12782 人，其中管理技术人员 2700 人，岗位工人 10082 人；电力产业人员 5033 人，其中管理技术人员 971 人，岗位工人 4062 人；其他产业人员 36864 人，其中管理技术人员 14211 人，岗位工人 22653 人。

陕西地区人员中煤炭产业人员 9476 人，其中管理技术人员 1061 人，岗位工人 8415 人；装备制造产业人员 16 人，其中管理技术人员 15 人，岗位工人 1 人；化工产业人员 1128 人，其中管理技术人员 215 人，岗位工人 913 人；其他产业人员 167 人，其中管理技术人员 70 人，岗位工人 97 人。

内蒙古地区人员中煤炭产业人员 15753 人，其中管理技术人员 1883 人，岗位工人 13870 人；化工产业人员 2740 人，其中管理技术人员 481 人，岗位工人 2259 人；装备制造产业人员 63 人，其中管理技术人员 25 人，岗位工人 38 人；电力产业人员 286 人，其中管理技术人员 80 人，岗位工人 206 人；其他产业 189 人，其中管理技术人员 75 人，岗位工人 114 人。

贵州地区煤炭产业人员 5728 人，其中管理技术人员 1011 人，岗位工人 4717 人；其他产业人员 84 人，其中管理技术人员 15 人，岗位工人 69 人。

新疆地区人员中煤炭产业人员 2306 人，其中管理技术人员 704 人，岗位工人 1602 人；化工产业人员 795 人，其中管理技术人员 210 人，岗位工人 585 人；装备制造产业人员 17 人，其中管理技术人员 13 人，岗位工人 4 人。

山西地区煤炭产业人员 4846 人，其中管理技术人员 773 人，岗位工人 4073 人；装备制造产业人员 12 人，其中管理技术人员 12 人；其他产业人员

30 人，其中管理技术人员 16 人，岗位工人 14 人。

其他地区煤炭产业人员 1624 人，其中管理技术人员 305 人，岗位工人 1319 人；其他产业人员 150 人，其中管理技术人员 116 人，岗位工人 34 人（见图 6-2）。

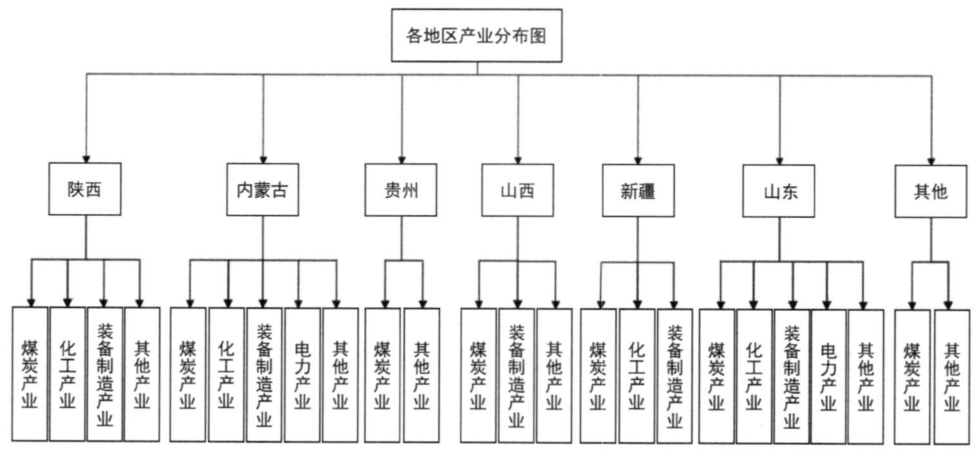

图 6-2　各地区产业分布

（三）NY 集团人力资源管理现状

1. 员工招聘现状

为了掌握集团公司的员工招聘现状，在集团领导的大力支持下，笔者于 2021 年 8 月，通过集团内部渠道下发调查表到各级公司，对各级公司 2021 年度的人员招聘情况进行调查，调查回收率 100%，可以真实展示集团公司 2021 年度招聘情况的全貌。同时结合集团公司往年招聘的历史数据，对 NY 集团公司的招聘现状进行全面掌握。

2021 年度共招聘员工 1897 人次，其中来自原 985、211 高校或“双一流”院校 107 人；员工的受教育程度绝大多数为大学本科，研究生及以上学历仅占 6.48%。2021 年 NY 集团面向社会招聘 1600 名岗位技能操作工人，实际录用 569 人，仅完成招聘计划的 35.57%，远未达到集团发展需求。

从 2012 年到 2020 年的历史数据来看，在员工男女比例分配上，一直以来山东 NY 集团公司的员工中男性占比较高；此外，从招聘员工的受教育程度上看，招聘的员工中硕士研究生学历及以上的人数呈上升趋势，但整体上本科学历的员工仍占主要比例，其中来自 985、211 高校或“双一流”院校的员工也在逐年增加。

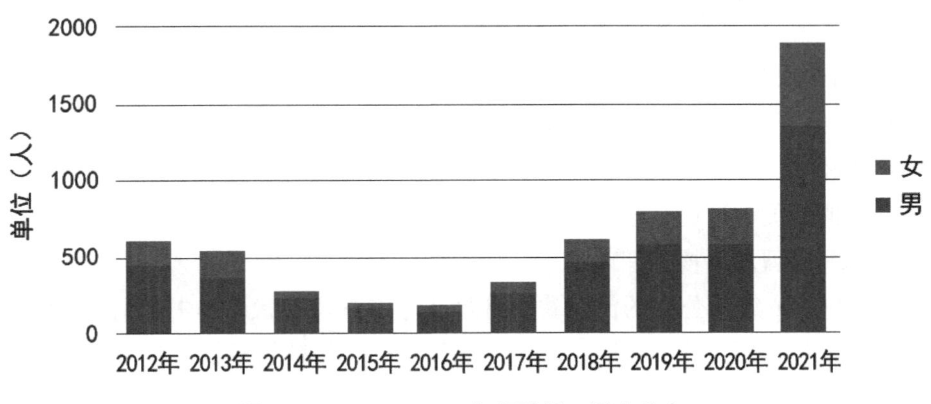

图 6-3　2012—2021 年招聘员工男女分布

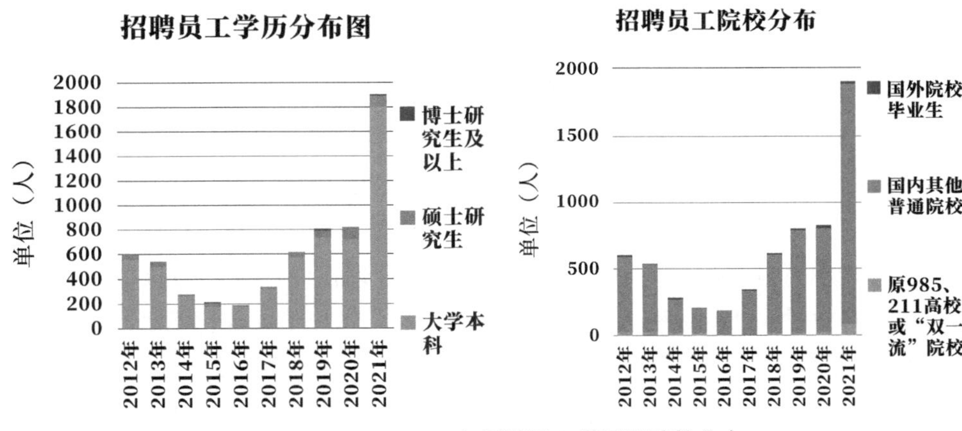

图 6-4　2012—2021 年招聘员工学历及院校分布

2. 内部教育培训机构现状

为了掌握集团公司的员工培训现状，在集团领导的大力支持下，笔者于 2022 年 2 月，通过集团内部渠道下发调查表到各级公司，对权属各级教育培训机构的员工培训情况进行调查，调查回收率 100%。

根据调查结果可以发现，NY 集团权属单位中，培训机构达 40 余家，具有多种培训资质，如特种设备培训资质、从业人员培训资质、安全培训资质、党员干部教育培训、职业鉴定等。虽然培训机构间业务板块具有很多重叠交叉项，但各单位独自经营，未建立起统一的培训师资共享体系。

3. 员工配置现状

当前，集团公司的井下人员配置问题是公司人力资源管理中的重点问题。按照国家发布的2021年底逐步取消井下劳务派遣用工要求的通知，在集团领导的大力支持下，笔者于2021年12月对集团的6家权属二级公司的井下劳务派遣用工的人员配置问题进行了调查。

从统计结果可以看出，NY集团公司的井下劳务派遣人员16844人，其中只有半数被转招留用，另外半数井下劳务派遣人员被清退。因为井下劳务派遣人员多为年龄较大、学历较低、技能不高的员工，其安置问题较难。此外，逾半数井下劳务派遣人员被清退会导致井下员工短缺，造成用工紧张问题。

4. 薪酬管理及考核管理现状

为了解NY集团公司的员工薪酬管理和考核管理现状，本书邀请NY集团公司的管理人员和职工代表进行了访谈，访谈内容包括绩效考核方法及现状、薪酬管理的方法及现状等问题。此次访谈耗时一周，访谈对象为集团权属公司的单位领导、人力资源管理部门领导、薪酬及绩效管理人员以及职工代表，涉及公司的高层、中层和基层人员，既有管理人员又有普通员工，能够较好地反映集团公司的薪酬管理和考核管理的真实情况。对访谈内容进行归纳、提炼，得到以下关于集团公司的薪酬管理和考核管理相关现状的总结。

权属单位领导认为：整体的薪酬管理和考核管理尚未形成体系，集团内部各权属单位的薪酬管理和考核管理办法不统一，有的矿业集团仍在实行岗位固定工资制，员工的薪酬和工作表现不挂钩，员工工作缺乏积极性和主动性。

人力资源管理部门领导认为：目前的薪资管理机制和绩效考核机制略显落后，在招聘中对人才的吸引力不足。在考核方面，考核指标细化不足，考核结果的公平性、精准性难以得到保障，导致有时绩效奖金很难落实，引起员工的不满。

薪酬管理人员认为：在绩效考核中有一些流程可能缺乏标准性和规范性，导致部分员工对考核结果不满意。绩效考核结果又和薪资是紧密联系的，这就导致部分员工觉得干多干少结果一样，从而丧失了工作的积极性，也有部分员工因为不满意薪资而直接选择离职。

职工代表认为：工资水平较低，绩效奖金在薪资中体现不出来，感觉自己的收入和在工作中的付出不成正比，所以有时觉得干与不干都一个样。个别企业还存在没有按照国家法定的加班费用标准支付等额的加班费，有时该休假的时间也不能休假，很多人有怨言。

综上，根据对集团公司的管理人员和职工代表的访谈可以发现，当前NY集团的员工薪酬管理和考核管理上存在较多弊端，既不能满足员工的发展需求也难以提升企业的人力资本，体现NY集团公司的人力资源竞争力。根据访谈结果，可以将NY集团的薪酬及考核管理现状总结为薪酬和绩效管理模式缺乏激励性和薪酬和绩效管理机制落后等。

一方面，薪酬和考核管理制度落后。目前，NY 集团内部的绩效考核机制不够均衡统一，薪酬结构亟待优化，存在差距小与工资效益不联动的矛盾。单位之间发展不平衡，宽带薪酬未全面实施。有的矿业集团仍然实行岗位固定工资，干多干少都一样，岗位绩效工资制仍需深化。通过调查发现，很多在一线的工作人员普遍反映，工资水平较低，并且在工作过程中，绩效奖金很难落实，导致员工的付出与收入不成正比，在企业内部绩效考核的方式以及参数多年来方式单一，甚至还会出现同一工种薪酬不一致的现象，使员工在工作中缺乏热情。除此之外，甚至还存在个别企业没有按照国家法定的加班费用支付等额的加班费，在企业内部员工的休假制度也落实不到位。这种不规范的薪酬福利制度，导致企业内部的员工怨声载道。不仅如此，还存在薪酬制度与考核制度未完全结合的问题，整体的管理方式缺乏激励性，导致员工在工作中过于懈怠，并没有将自己真正的实力发挥在岗位中。这样的薪酬管理方式也很难吸引到目前许多年轻化的高素质人才，甚至有很多新进入企业的员工，由于不满意福利薪资待遇而离职，造成了企业人才的大量流失，这也在一定程度上阻碍了企业的长远发展。如果企业内部的员工不能够将个人的职业发展与企业的规划放在同一利益层面上考虑，那么企业内部将会出现形式化工作的问题。长此以往，内部的人才发展将会形成恶性循环。

另一方面，激励机制吸引力不足。集团业务板块多、人才结构复杂，尚未根据各业务板块人才结构特点、激励机制的差异化建立多元化的激励机制，在差异化、市场化、多元化的激励机制创新方面仍不足，对于关键人才的招聘吸引力不强，不利于激发人才干事创业热情。目前，很多人力资源管理人员在薪酬管理的过程中缺乏创新观念，对于薪资的激励作用意识不足，甚至在管理的过程中，还是采用了传统的陈旧性管理方式。这种墨守成规的管理方法，随着时代的发展必然会被淘汰。与此同时，薪酬管理制度的刻板性也会导致新旧人力资源管理建设在交接的过程中出现一系列的问题，让企业的薪资管理制度建设处于逆风局面，阻碍企业新鲜血液的涌入。如果薪酬管理方式浮于表面，在落实的过程中，没有进行有效的监督，长年累月地采用这种陈旧式的单一型薪酬管理模式将会在企业内部形成一种恶性循环，导致企业在激烈的市场人才竞争中不具备竞争优势，阻碍 NY 集团的长远发展。

第二节　山东NY集团人力资源管理问题分析

一、员工招聘问题分析

（一）集团招聘工作各自为政，对人才的吸引力小

人力资本理论认为人的才能和其他形式的资本一样，是企业重要的生产手段。而NY集团招聘工作由权属单位自行组织，影响力小、品牌效应不能发挥，且各单位各自为政，存在竞争关系，不利于工作开展。各单位招聘工作各自决策，对NY集团人力资源总量控制和人工成本控制不利，整体利益没有最大化，加上国有煤炭企业管理岗位的薪酬待遇缺乏市场竞争力，难以获得高素质人才的青睐，以及国有企业内部的岗位晋升渠道狭窄，一岗定终身和论资排辈的现象比较严重，导致企业很难对员工产生凝聚力和吸引力，青年人才不太愿意进入国有煤炭企业，人才招聘难度大。

（二）招聘时员工人力资本的质和量不能满足企业发展需求

NY集团作为传统煤炭企业，属于劳动密集型企业，员工的薪酬水平不高，并且劳动强度大、工作环境恶劣，引才难，虹吸效应低。近年来煤炭院校多走向综合类院校发展方向，相关专业课程设置上有些不再突出煤炭特色，而是按照通用类专业进行培养，尤其是机械、电气、安全等专业，多以生产制造、地面安全等为主要课程，专业毕业生对煤矿生产不熟悉，对井下工作环境、作业流程不了解，选择到煤炭企业就业的毕业生不多；随着人们整体生活水平的提高，很多高校毕业生在煤炭专业毕业后，不愿意从事煤炭相关工作，对煤矿存有畏惧心理，多采取跨专业就业的方式，在一定程度上影响了行业人才储备。2012—2021年，NY集团权属各单位招聘高校毕业生6322人，平均每年录用高校毕业生632人；2021年NY集团面向社会招聘1600名岗位技能操作工人，实际录用569人，完成招聘计划的35.57%，对于25万员工的大型企业集团来说，人员储备严重不足。

二、员工培训问题分析

通过前期的调查可以发现，NY集团所属各矿业集团，大多数有自己的培训机构和师资队伍，但是没有实现共享，机构臃肿人员冗余，培训体系和培训计划

由各单位各自制订，资源共享空间有待提升。

一方面，部分单位缺乏完善的人才培养体系，没有将员工成长与企业发展联系起来，员工培训流于形式，不重视培训结果反馈和培训效果的评估。例如，员工的培训内容和企业未来发展脱节，或者在设计培训内容时，缺乏完整的计划和明确的目标，只是重复讲述常识性知识和技术，或者生搬硬套其他企业文化，并进行职业道德培养，让员工觉得企业培训的用处不大，其培训效果自然不理想。

另一方面，NY 集团各权属单位拥有各自不同层次水平的培训单位，而现有的人力资源管理平台尚未实现各权属公司人力资源培训资源共享，企业在员工培训方面耗费了大量的培训投资成本，但却收效甚微。根据人力资本理论，在员工培训方面不仅要关注投入成本的“量”还要兼顾产出情况的“质”，而现有的人力资源培训难以凸显企业的人力资本优势。

三、员工配置问题分析

人员分流安置压力大，人员短缺导致用工紧张。NY 集团现有生产矿井 78 对，对外承托矿井 13 对，一方面随着矿井服务年限增长，开拓布局不断扩大，集团所属各矿井井下人员明显短缺，依靠使用大量劳务派遣、劳务分包等非在册用工维持正常生产接续；另一方面对外承托矿井输出大量井下人员，煤炭产业人员配置出现“自相矛盾”。对外开发单位之间政策不统一，人员向驻外单位转移压力大。同时，非在册人员多，用工风险高，NY 集团共使用劳务派遣人员 25711 人，其中井下劳务派遣人员 16844 人，井下劳务派遣人数占 NY 集团全部井下人员的 17.42%，劳务派遣人员数量多、学历素质低，用工风险大。按照国家 2021 年底逐步取消井下劳务派遣用工要求，对井下劳务派遣人员采取清退转招的方式进行清理，井下生产人员短缺明显，存在接续断档风险。随着国家压减煤炭产能，矿井生产周期的减少，各单位面临着人员分流安置压力越来越大，预计今后三年 NY 集团所属煤矿、电厂产能退出涉及分流安置人员约 2.5 万人，且安置人员多为年龄大、学历低、技能不高人员，安置人员整体结构与接收单位人员需求不匹配，人员安置压力大。

四、员工考核管理问题分析

（一）绩效考核尺度标准不一

NY 集团权属单位拥有各自的考核制度，不同行业、不同领域以及不同岗位的工作内容都存在较大的差异性，不同企业之间的具体运行状况和运行方法也不都是一致的，从而导致不同单位之间的绩效考评结果有较大的差异性。薪酬绩效的管理与考核关系到了员工的切身利益，也与员工的到手薪资具有密不可分的关系。而在企业内部，考核人员通常都是中高层管理人员，因此，在考核的过程中，带有了一定的主观意识，同时，在考核时还缺乏标准的参考依据，将职称评级以及个人主观意见作为考核判断的标准。目前，NY 集团已经将薪资与绩效相挂钩，但是在执行这项制度的过程中，薪资以及绩效的决策权掌握在多数的高层管理人员手中，这就导致内部的考核绩效缺乏公平性。除此之外，在考核过程中，中高层管理人员可以根据自身的主观意识，判断员工的考核状态，即使在管理过程中，也不可避免地会出现由于个人情感而有失公平。甚至还有部分管理人员在评价过程中考虑到了人情世故，为了不得罪同事或员工，采用平均主义的方式进行评价，这也导致企业内部员工无心参与评价，看不到发展的前景。这种考核机制本身就缺乏权威性以及考核的意义，长此以往，员工就会对考核机制麻木，从而无法在工作过程中发挥热情。

（二）考核结果运用不到位

将绩效考核与薪酬联动是提高人力资源管理水平非常重要的手段，大多数企业是通过绩效考核结果来核定员工绩效工资，以工资变动提高员工的工作积极性。然而，在绩效考核结果的运用上，有些单位往往搞“大锅饭”“一刀切”，绩效考核结果与薪酬分配关联性不足，严重影响员工的积极性。同时，还存在绩效考核结果反馈不及时或缺乏反馈的问题。绩效考核结果反馈是绩效考核的一个关键环节。只有形成闭环的考核系统，才能使绩效考核的作用得到充分发挥。如果要最大化绩效考核的作用，就必须保证沟通顺畅，考核结果在第一时间可以得到反馈。有些单位，考核结果出具后，没有第一时间与被考核员工、部门进行深入沟通、交流，员工不知道自己的工作实绩，也不知道存在的不足之处，导致员工很难根据绩效考核结果对照自身，取长补短，提高工作的积极性，从而导致绩效考核成为单方面的工作模式，使得绩效考核未能发挥应有的作用。

本节通过问卷调查和访谈的方法对 NY 集团人力资源管理现状以及存在的问题进行了阐述。员工招聘方面，总结了传统行业人才招聘难度大，各单位各自为政，品牌效应不能发挥的问题；员工培训方面，总结了各单位均有自己的培训机构和师资队伍，没有实现共享，机构臃肿人员冗余，各单位培训体系和培训计划各自制订，资源共享空间有待提升以及培训流于形式，不重视培训结果反馈和培训效果的评估的问题；员工配置方面，总结了随着国家压减煤炭产能，矿井生产周期的减少，各单位面临着人员分流安置压力越来越大，对外开发单位之间政策不统一，人员向驻外单位转移压力大的问题；员工绩效考核方面，总结了各单位绩效考核尺度标准不一，单位间绩效考核结果差异较大以及考核流于形式，重形式轻结果应用的问题。

第三节 NY集团人力资源管理体系优化方案

一、优化目标

在企业的经营管理活动中人力资源管理是关键一环，人作为社会经济活动中的主体，在为企业创造价值、创造财富方面发挥了重要作用。人力资源是企业竞争力和活力的来源。根据第三章对NY集团人力资源管理体系的现状以及存在的问题的分析，本书将提出山东NY集团人力资源管理体系针对性的优化方案，力图有效解决集团公司人力资源管理系统中存在的问题，提升NY集团人力资源管理的规范性和标准性，形成企业人力资本竞争力。因此，提出优化方案的具体目标如下。

（一）改善人力资源管理体系的整体环境

人力资源管理体系的环境影响着这个体系中的每一个主体，一个高效、规范、标准的人力资源体系既是企业实现高效企业管理的关键因素，也是企业实现战略发展规划的重要工具。改变人力资源管理体系的整体环境既体现在技术层面，也体现在人文层面。在技术上，增加数字化技术的使用，增加人力资源管理的数字化、信息化程度，摒弃传统人力资源管理系统中的不统一、不规范、不标准；在人文层面，提高人力资源管理人员的管理思想，从旧的松散的人力资源管理模式转变为高效的、有创新性的人力资源管理，有序改善人力资源体系的整体环境。

（二）吸引和留住人才

人力资本理论阐述了“人”（员工）在实现企业绩效中的关键作用，企业战略规划的实现离不开员工的劳动付出。在整体经济环境不确定性逐渐升高的背景下，吸引更多的优秀人才来NY集团公司和留住NY集团公司现有的优秀人才是企业抵御复杂的外部竞争环境带来的不利影响的有力工具。优化NY集团的人力资源管理体系的重要步骤就是吸引更多的人才和留住更多的人才，人才是企业竞争的根本。

（三）提高公司的活力

人力资源管理的最终目标是推动企业战略规划和组织绩效的实现，而组织战略规划和组织绩效的实现离不开员工个人工作目标和工作绩效的完成。旧的“言而无信”的薪酬管理和绩效管理在很大程度上打击了员工的工作积极性、主动性和创新性，长此以往，集团公司将失去生机与活力。面对复杂的外部环境，企业需要不断发展、拥有利用资源的能力，这样的企业才是有活力的企业。而企业活力的提升离不开人。通过优化 NY 集团人力资源管理体系，去除 NY 集团现有的负能量痼疾，改善人力资源管理体系中的激励机制，尽可能地激发员工的工作热情，提升企业活力，从而增强企业竞争力，建立企业的竞争优势。

二、优化原则

根据 NY 集团公司的战略发展目标、人力资源管理体系现状和人力资源管理体系的优化目标，提出 NY 集团人力资源管理体系的优化原则。

（一）实事求是原则

NY 集团的人力资源管理体系的优化方案必须是从公司的实际情况出发，切实以解决公司现有人力资源管理体系中的主要矛盾、提升公司人力资源竞争力为原则，综合公司的战略发展需要以及宏观环境要求，实事求是地进行设计和规划。

（二）服务原则

NY 集团的人力资源管理体系的优化应本着服务员工、服务公司的原则。一方面，优化后的人力资源管理体系应能够切实解决员工遇到的绩效考核、薪酬管理和问题反馈等方面的需要；另一方面，优化后的人力资源管理体系还应能够有效激发员工的工作热情和创新性，服务于公司的发展和战略目标的实现。

（三）可行性原则

NY 集团的人力资源管理体系庞大，涉及山东本部和其他六个地区的权属单位，且人力资源管理模块众多，各个模块之间关联性强，不可拆分。因此人力资源管理体系优化方案要考虑公司的实际情况，合理利用资源，做好统筹安排工作，避免对公司其他领域的工作造成不必要的影响。

三、NY 集团人力资源管理体系优化方案设计

（一）员工招聘优化

1. 数字化招聘流程，提高招聘规范化和标准化

（1）确定年度招聘计划。用人单位根据本单位发展规划、产业重点、编制定员、人员结构等因素，明确年度招聘需求的具体部门（车间、区队）、人数、招聘条

件（学历、专业等）、工作地点和薪酬待遇等情况，提出年度高校毕业生需求计划，经单位主要负责人签字并加盖人力资源部门公章后报所属二级公司；二级公司审核汇总后，经人力资源部门主要负责人签字并加盖部门公章报 NY 集团，NY 集团结合发展战略和中长期人才发展战略，研究同意后确定年度高校毕业生招聘计划。

（2）实施招聘过程。高校毕业生招聘由 NY 集团统一牵头，二级公司具体组织，用人单位共同参与。每年 9—11 月和次年 3—5 月，各用人单位在 NY 集团统一指导下到全国各大高校开展校园专场招聘或大型招聘会，招聘年度应届高校毕业生；校园招聘不能满足的，与第三方公司合作，面向社会公开招聘高校毕业生。各二级公司经 NY 集团授权后，负责与拟录取高校毕业生签订就业协议，约定双方权利义务和违约责任。已签约的高校毕业生，应按照指定时间持毕业证、学位证、身份证、报到证等有关证件原件及复印件到指定地点进行报到，办理正式录用手续。

（3）报到分配流程。每年 7 月下旬组织新员工集中报到。根据各用人单位招聘计划和招聘情况，由二级公司对录取高校毕业生进行统一分配，分配方案报 NY 集团备案。用人单位在办理新员工入职时，要重点审核高校毕业生的毕业证、学位证等材料，及时办理高校毕业生档案和党团组织关系转接。毕业生报到证统一由各用人单位入档管理。用人单位在高校毕业生报到一个月内要与毕业生签订劳动合同。首个劳动合同期限为 3 年，其中试用期 3 个月，劳动合同起始时间由 NY 集团统一确定。

（4）见习期培养办法。对新入职高校毕业生实行见习期管理，时间为一年（含试用期）。见习期分岗前培训、业务见习两个阶段。

在岗前培训（1 个月）阶段，高校毕业生岗前培训由二级公司和用人单位分别组织实施。培训内容主要为企业概况、发展规划、企业文化、形势任务教育、企业规章制度、安全生产知识等，通过团队活动、集中授课等方式，培养团队意识、担当精神和创新精神；在业务见习（11 个月）阶段，根据毕业生所学专业和用人单位岗位人员需求，将毕业生安排到专业相关车间（区队、科室）进行内部业务见习，熟悉岗位业务流程，掌握业务知识，培养独立上岗、独自解决问题的能力。

用人单位要根据 NY 集团和二级公司有关规定，结合本单位实际情况，建立高校毕业生见习管理考核制度，制定高校毕业生管理考核办法，组建领导机构和工作专班，明确见习目标，编制见习计划，确定培养方式和培养方向，量化试用期和见习期满考核标准，严格考核结果应用。

（5）见习期考核办法。首先，考核方式。高校毕业生见习期间考核分月度考核、季度考核、试用期满考核和见习期满考核。考核工作由所在单位人力资源部门牵头，根据见习生培养计划、岗位类别、见习目标等制定量化考核标准，考核内容包括但不限于政治素质、日常出勤、工作态度、业务能力、工作业绩、现实表现、廉洁自律等，通过个人述职、导师评定、民主测评、个别谈话等方式，对见习生进行量化考核，赋分排序。

其次，评定等级。用人单位要分别对见习高校毕业生试用期和见习期满进行考核，试用期考核和见习期考核分别于期满前 1 个月组织实施。试用期满按照月度考核平均得分、试用期满考核各占 50% 的比例计算综合考核得分；见习期满按照季度考核平均得分、见习期满总考核各占 50% 的比例计算综合考核得分。综合考核结果划分为“优秀”“称职”“基本称职”“不称职”四个档次。综合得分 90 分及以上的为“优秀”（优秀人数一般不超过当年见习毕业生总数的 30%），76 分至 90 分为“称职”，60 分至 75 分为“基本称职”，60 分以下为“不称职”。毕业生报到时间相差不大的，用人单位可一并进行考核。

最后，结果应用。对试用期期间不能胜任工作岗位要求，工作态度不端正、工作业绩低、考核结果评定为“基本称职”或“不称职”的高校毕业生，用人单位要依法依规及时解除劳动合同。见习期满评定为“基本称职”的高校毕业生，延长见习期半年，延长期限结束考核仍未达到称职及以上档次的，不得从事管理技术岗位，符合条件的双方协商解除劳动合同；见习期满评定为“不称职”的高校毕业生，不得安排从事管理技术岗位，符合条件的双方协商解除劳动合同。见习生见习期满考核情况纳入本人档案存档。

（6）转正定级。对通过见习期满考核评定的高校毕业生，用人单位人力资源部门应及时办理转正和初定专业技术职务任职资格手续，其中，博士学位获得者可直接参评中级专业技术职务资格，硕士学位获得者初定助理级专业技术职务资格，大学本科毕业生初定助理级专业技术职务资格。实行以考代评系列的专业技术人员不进行初定，按照规定参加相应的专业技术资格考试。

按期转正的高校毕业生，实行竞聘上岗制度。用人单位要根据编制定员和岗位余缺情况，原则上每年组织一次见习期满毕业生管理技术岗位竞聘。严格落实 NY 集团优秀年轻干部培养选拔相关措施，为优秀毕业生拓宽晋升通道，搭建成长平台。逐步提高各级管理技术人员中高校毕业生占比。见习期满未上管理技术岗的，可按所学专业安排到相同或相近的工人岗位。

2. 科学编制员工增补计划，使用数字技术加大招聘宣传力度

以 NY 集团“十四五”发展战略为导向，以构建一支与 NY 集团改革发展相

适应的员工队伍为目标，建立基于矿井全生命周期的人力资源大数据模型和精准高效配置机制，科学编制 NY 集团人力资源“十四五”规划。按照产业发展方向和项目建设规划，合理确定人员总量控制目标、人才引进培养目标。加大新兴行业、重点产业人才引进力度。各单位结合本单位产业布局及生产需求实际，科学编制年度员工招聘计划，报 NY 集团审定后组织实施招聘，通过 NY 集团统一审批权属单位招聘计划，实现 NY 集团对权属单位年度招聘计划的核定，从源头控制人力资源总量。

针对近年来传统煤炭企业人才招聘引进难度不断加大，煤炭行业人才吸引力大幅降低的实际，要进一步加大宣传推广力度，优化招聘流程，丰富招聘形式，借助报纸、网络及新闻中心、电视等宣传平台进行广泛宣传，营造 NY 集团广纳贤才、扩大就业的浓厚氛围。通过制作 NY 集团招聘简章和宣传海报，拍摄高校毕业生招聘专题宣传片，准确把握新时代青年思想特点，结合企业人才培养现状，以故事形式展现 NY 集团开放性、包容性的文化氛围，给青年员工搭建干事创业、施展才华的空间和平台。开通员工招聘微信公众号，及时发布招聘简章、招聘行程和人才工作动态，增强高校毕业生对 NY 集团的认识与了解。与第三方招聘机构全新打造招聘专网，探索实现个人简历线上投递、短信邮件集中发送、毕业生来源数据分析等，提高招聘工作的科学性和效率性。通过一系列宣传，努力提升 NY 集团世界 500 强和行业领先地位品牌形象，提高 NY 集团在高校毕业生中的影响力和知名度，缓解传统煤炭行业招聘难的问题。

3. 制定员工激励政策，提升员工满意度

抓实人才“培育用留”制度建设，进一步修订高校毕业生见习期工资标准，结合外部市场工资价位和集团内部薪酬分配现状，对高校毕业生见习期工资标准进行不同程度的提高，提升公司人才竞争优势。针对新员工来源分布广、经济基础薄弱的实际，可以对新入职高校毕业生报到后发放一次性的生活补贴，满足新员工在工作初期的必要生活支出。建立优秀高校毕业生评选制度，每年定期开展优秀高校毕业生评选，每年对符合条件的高校毕业生进行考核评选，分“矿处级”“二级公司级”“集团公司级”三个层次进行表彰奖励，按月度发放专项津贴，鼓励大学生扎根企业建功立业。进一步修订完善高校毕业生见习期管理办法，健全高校毕业生引进、培养、晋升、激励机制。关心新员工生活，除安排工作上的“导师带徒”外，可另安排一名生活导师，帮助新员工解决生活、思想方面的困难和疑惑；可以定期组织新员工集体座谈会，倾听新员工意见建议，帮助新员工尽快适应工作生活环境；保障职工休息休假，节假日期间无特殊情况的，按照规定休息休假，为“引得来、留得住、用得好”新员工夯实制度基础，做好生活保障。

4. 实施市场化差异薪酬，拓宽员工晋升渠道

针对市场化程度高、薪酬收入与外部市场薪酬差距较大的金融、贸易、技术研发等岗位，可参照同行业薪酬水平和所在地区薪酬水平，面向双一流高校招聘部分优质高校毕业生，提升招聘质量，实现待遇留人。通过严格大学毕业生见习期考核，强制公布考核档次，让考核优秀的大学毕业生走上管理技术岗位，保持基层干部队伍的源头活水。执行分层次内部退养制度，为年轻人发展创造机会，有效拓宽中层岗位空间。完善管理、技术、技能人才成长三通道体系建设，帮助员工制订科学的职业发展规划，推行工资分配制度改革，实行宽带薪酬，建立针对性的员工培训培养任用考核制度，建立三通道晋升互转机制，为员工实现自我价值创造有利条件，让真正想干事的员工留下来成长成才。

5. 强化校企合作，多措并举招揽人才

深化与相关院校在合作办学、学生培养、就业实习等方面的合作，建设高校毕业生创新实践基地，邀请高校在校生到 NY 集团开展认识实习、毕业实习等实践活动，帮助煤炭专业大学生了解煤炭行业发展历程、发展现状和煤炭开采相关技术等，消除大学生对煤炭行业的片面认识，引导大学生积极加入煤炭行业施展才华。同时，对煤炭、化工、装备制造等主体专业可以采取“变招工为招生”，实施订单培养、委托培养、联合办学、定向专业培养等方式，实现员工“入企即入校”，通过委培院校、用人单位间紧密合作，确立在校学习一年，入企实习一年的“1+1”的校企联合培养办学模式，形成招生、教学、实习、培养、考核等全流程工作体系。通过学校和企业两年的共同培养，最终将招生学员分配到各生产单位，补充成为一线生产员工，从源头破解招工难、一线岗位人员不足等问题。对于驻外单位因属地政策和生产经营实际，需面向社会招聘员工的，招聘计划经二级公司审核，报 NY 集团审批后，可自行组织招聘。

6. 加强组织领导，明确招聘职责

联合重组后，针对各单位自行组织，影响力小，品牌效应不能发挥，存在竞争关系的问题，NY 集团要树立“一家人、一盘棋、一条心”的工作理念，将原来高校毕业生招聘“各自为政”的工作格局调整为“NY 集团统一组织，各权属单位共同参与”的招聘模式，并以 NY 集团作为整体，统一发布招聘简章、时间安排和组织程序等内容，精心选择部分目标院校，认真部署安排校园招聘行程，集中组织实施招聘活动，一定程度消除 NY 集团内部单位间招聘竞争内耗，降低员工招聘人工成本，充分发挥集团品牌效应和协同效应，让“独树”连成“林”，进一步增强高校毕业生招聘工作的凝聚力和向心力。

NY 集团要继续贯彻执行三项制度改革要求，深化员工能进能出，权属各单

位员工招聘除定向引进的高层次人才、涉密岗位人员、政策性安置人员等，均要按照“公开、公平、竞争、择优”的原则实行公开招聘，确保招聘工作公平公正。同时，要进一步明确各级单位员工招聘职责，其中三级单位负责根据定编定员方案和岗位空缺情况编制员工需求计划，包括岗位工种、需求人数和资格条件，超定员的单位原则上不得招聘员工。二级单位负责根据基层单位员工需求计划，结合人力资源和产业发展规划，按年度编制员工需求计划和员工补充方案报 NY 集团。NY 集团根据二级公司员工补充方案，结合集团发展战略规划，编制高层次人才引进、高校毕业生、生产技术工人招聘方案，按计划组织招聘，形成 NY 集团主导、二级公司参与、三级公司实施的招聘局面。

（二）员工调配优化

1. 搭建数字化人力资源共享平台，提高人力资源配置水平

按照人才类别、专业分类建立健全企业内部人力资源信息库，实现动态管理。发挥 NY 集团大数据平台优势，整合人力资源、人事管理等信息系统，形成一体化、数字化信息共享平台，深化专业管理和人力资源协同，实现人力资源 NY 集团内部共建共享，打破矿业集团间人员流动壁垒。定期分析人力资源结构状况，汇总各单位人才供求情况，通过内部人才信息网，互通人才信息，共享人才资源，为人才内部流动提供支持。建立体制健全、运行规范、服务周到的内部人才市场，为用人单位和内部人才流动提供优质服务。通过提供发展机会、提高薪酬待遇、轮岗交流等措施，引导人才向生产一线、外部开发、新建项目等急需岗位流动，达到人才资源有序交流，实现各矿业集团间人力资源优势互补、协同发展。建立本部单位对接驻外开发单位帮扶机制，对因生产接续紧张、阶段性工作任务、员工队伍素质与岗位需求存在差距等出现用工短缺的，从本部单位采取成建制、定向输送等方式开展阶段性帮扶，帮扶期间由驻外单位按照市场化结算支付薪酬，低于本部单位同岗位薪酬待遇的，由输出单位找差补齐。同时，在 NY 集团层面成立人力资源服务公司、档案共享中心，搭建人力资源共享平台，解决员工调配、员工内部流动时各类保险、医疗保障、档案管理、退休办理等方面的制约因素，提升人力资源服务、指导、协调职能。

2. 人力资源管理情况数字化管理，统一外派员工管理政策

进一步加强外派员工管理，理顺驻外开发单位劳动关系，加大本部驻地员工向省外基地、新建项目转移力度，实现人力资源内部优化配置。强化对驻外单位人力资源管理情况调研，对驻外单位从业人员数量、用工形式、用工结构、薪资收入、休息休假、保险统筹等信息进行数字化管理，采集相关数字信息后上传人力资源管理平台，进行统筹决策。统筹制定驻外单位员工管理办法，对外派员工

休息休假、薪酬分配、专项补贴等情况进行明确，实现驻外单位用工政策统一、依法用工，保障员工休息休假权利，充分调动外部开发员工的积极性，提升驻外员工幸福感和满意度，促进本部基地员工向驻外单位转移。

3. 持续开展控员提效工作，加大分流安置力度

结合 NY 集团矿业、电力、高端化工、高端装备制造、新能源新材料、现代物流贸易为主导产业的发展布局规划，继续加大权属企业产业整合力度，对关停企业人员进行分流安置，拓展关停企业员工安置渠道，提供多元化岗位选择，提高员工分流安置满意度。

（三）员工培训优化

1. 整合教育培训资源，实现专兼职师资库共享

按照“统一规划、分级管理、逐级负责”原则，建立 NY 集团、二级公司、基层单位三级联动培训管理机制，形成分级管理、逐级负责、齐抓共管的职工教育培训管理体系，通过培训需求调研、培训计划制订、培训组织实施、培训效果评估等流程，实现由下到上的培训需求反馈机制和由上到下的正向考核机制。按照 NY 集团整体协同、区域化推进原则，优化教育培训机构建设，加强培训教材建设，加大实操培训力度，加大实际场景训练，着力培养一支水平高、能力强的内训师队伍，建立职工教育培训师资库，坚持内部培养、外部选聘、动态管理、集中调整机制，师资库分内部师资库和外部师资库，在 NY 集团范围内共享。

员工培训主管部门及培训机构要做好相关工作。首先，立项部门牵头并具体实施员工培训，培训主管部门则负责协调、指导并对员工培训进行考核监督。业务部门按照职责分工做好培训前、培训中、培训后各项工作。其次，培训机构按照实施意见制教学计划，设计教学课程，选聘培训师资，编选培训教材，制定相关管理制度，确保培训项目实施。最后，培训机构建立健全教学管理、教师管理、考核管理、档案管理、设备管理、经费（财务）管理、后勤管理等教育培训制度，加强员工培训基础管理工作，提高员工培训水平。

2. 基于数字画像开展素质提升工程，深化分类分级培训培养体系

围绕企业发展战略，紧密结合产业调整优化需要，针对员工特点实施赋能培训，提高员工队伍素质，科学制订培育计划，明确重点、区分层次、划分类别，提高培训针对性。通过轮岗交流、校企合作、项目研发、科技攻关等多种方式，在实践中提高员工管理和技术技能水平。采用数字技术采集员工的工作特征、个人素质、内部互评、述职报告等信息，建立员工的数字化画像，对员工进行针对性的、差异化的培训方案。完善教育培训体系，注重职业资格培训，规范安全技术培训，加强富余人员转岗培训，提高人才培训质量。重视效果评估，建立培训

过程监督与后评估体系，提高教育培训效果。

在落实 NY 集团全员素质提升工程规划（2021—2025）和年度培训工作计划的基础上，充分发挥现有横向分专业、纵向分层级的矩阵式培训体系优势，开展中层干部素质能力培训、管理人员知识拓展培训、技术人才系统分类培养、全员岗位技能水平培训及职工岗位安全技能培训，分层级、分专业、分类别加大急需紧缺人才培训力度。深入推进“学习型企业”建设，进一步强化培训工作，统筹制订年度培训计划，形成中层干部、管理人员、技术人才、技能工人分级培训培养体系。

中层干部素质能力培训围绕培养政治过硬、责任过硬、能力过硬、作风过硬的干部队伍，以提升战略思维能力、宏观把控能力和专业管理能力为重点，加强各级机关、各级班子成员的培训。每年安排 10 名有潜力的优秀青年干部赴清华大学、大连高级经理学院脱产培训，每季度安排不少于 50 名中层正副职赴浙江大学、中山大学、上海交通大学、复旦大学等高等院校开展脱产培训，确保 5 年内轮训一遍。

管理人员知识拓展培训围绕建设高素质专业化队伍，以培树专业精神、增强专业能力为重点，把握各岗位、各专业不同需求，区分“决策型”“经营型”“管理型”“技术型”等不同类型，加强管理人员知识拓展培训。坚持每月一期“山能大讲堂”，定期邀请国内知名专家教授作专题辅导报告。加强人才库在库人才培养，每年组织 30—40 人赴高等院校脱产培训。适应国际化战略需要，强化后备人才培养，定期举办英语、西班牙语培训班，每年选派优秀人才赴澳大利亚、南美公司挂职锻炼，做好国际化人才储备。

技术人才系统分类培养按照不同专业开展强化培训，提升技术人员专业能力，由 NY 集团各职能部门按照部门职能需要编写相应的培训规划，以年为单位描述出具体的培训需求、培训目标以及培训方案，对技术人员进行培训，更新专业知识。以不同专业、不同类型作为分类依据建立学习平台，筹备专业试题库，用于提高技术人员的业务能力。定期开展“先进技术技能”人才评选，“比试”专业技能。

全员岗位技能水平培训加强员工教育培训管理，推进教育机构改革，抓好内部培训阵地、实训基地和师资队伍建设。开展岗位练兵和技能比武，组织“齐鲁工匠”“金蓝领”系统培训，提升职工队伍岗位技能水平。实施新的招生制度，集团将通过与专业对口的职业技能院校开展合作，委托订单，专项对口培养技术工人，从根源上解决劳动力的年龄问题以及学历问题等。

职工岗位安全技能培训强制实施“差异化”岗位人员实操培训，各个专业公司按照专业性要求确定岗位实操实训大纲以及各项具体考核标准，要求培训计划科学合理，兼顾不同年龄、不同专业技能等级和年龄层次技术人员，明确考核重点和培训重点，使所有岗位的所有人员在理论知识和实操技能上“双达标”。特种作业人员培训必须将岗位操作技能实训达标纳入培训考核。技能鉴定认定前加强集中培训管理，强化实操培训。深入推进“导师带徒”活动，加大现场技能培训力度。以山东省技师工作站、煤炭行业技能大师工作室、劳模创新大师工作室、高技能人才创新工作站为平台，典型带路、以点带面，打造集智创新、技术攻关、技能研修、技艺传承、人才培养的优秀团队；多形式开展岗前培训、在岗培训、脱产培训、业务研修、岗位练兵、技术比武、技能竞赛等各类培训。

3. 常态化人力资源学习机制，强化培训效果评估

人力资源学习机制建设是以实现组织和员工相互信任关系为目标的人力资源管理策略，强调将员工培训注入日常工作中，在培训课堂上学习理论基础，在工作岗位上巩固学习成果。因此公司应在组织层面支持员工进行自我提升，为员工营造个性化、情境化的学习环境，如建立“个人图书馆”等网络学习平台。一方面基于员工的数字化信息对员工的培训课程做基于算法的精准推荐，另一方面员工也可以依据个人兴趣爱好、岗位工作需要和个人发展规划进行针对性的学习，让员工获得理想的培训课程学习经历，因此培训效果也将有所提高。

培训评估要改变传统单一评估方式，基于人力资源管理系统从培训的各个阶段与培训的各个层次，考虑评估内容与目的，对员工的培训效果进行全面评估。在公司内部的培训平台上实现建立员工个人培训学习资源库，可以分析和查看员工每次培训的具体情况，并形成培训评估结果。这些培训结果既可以应用于培训同期不同员工之间的培训结果的横向对比，又可以应用于每位员工个人的纵向培训效果成长曲线对比。深入了解员工培训情况的同时，也为今后的培训工作的开展提供方向和建议。

（四）员工薪酬管理优化

1. 规范薪酬结构，建立统一的岗位绩效工资制度

针对各单位薪酬制度和薪酬结构差异较大，没有统一的薪酬管理制度，对人员的内部流动造成较大阻碍的问题，要进一步深化分配制度改革，建立以岗位绩效工资制为主的基本工资制度，突出岗位价值，调整工资结构，理顺分配关系，优化工资单元，进一步完善考核体系，把职工收入和集团效益与个人实际工作业绩关联起来。进一步完善分配机制，使其更加有效，促进形成一个收入更加有弹性、分配更加公平的分配新机制，充分调动广大职工的积极性和创造性，促进企业改革与发展。

岗位绩效工资制可以由岗位工资、绩效工资、年功工资、辅助工资四个工资

单元组成。

首先，岗位工资要做好序列、岗级及档次设置，序列是指管理岗位、专业技术岗位、技能岗位三个序列。岗级的划分应与工作内容、难易程度、责任大小、所需资格密切关联，岗级设置一般不超过 30 个。管理岗位、专业技术岗位、技能岗位的岗级应根据各单位具体实际设置并合理交叉，充分体现宽带薪酬设计要求。同一岗级内可设置 3—5（A、B、C、D、E）个薪酬档次。管理岗位可根据在岗任职年限以及年度考核结果确定薪酬档次，专业技术岗位薪酬计算方法与管理岗位一致。技能岗位则可根据实际技能等级和年度考核结果确定薪酬档次。其次，要确定好具体的工资标准。一方面是要拉开岗级差距，参照相关依据设计岗位工资标准，最高岗位工资与最低岗位工资之间相差 3—4 倍。二是要确定好起点工资。根据不同单位的实际工资水平和经济效益等确定起点岗位工资标准，起点岗位工资标准可在一定时期内动态调整。三是要注意岗位工资、年功工资、辅助工资占工资总额的比例一般不超过 60%。

其次，绩效工资。绩效工资包括综合绩效工资、安全绩效工资、专项奖励等。各单位要加大绩效工资在工资总额中的比重，依据岗位价值等因素，分层分类合理确定工资固浮比例。技能岗位绩效工资占比不低于 30%，专业技术岗位绩效工资占比不低于 40%，中层管理人员绩效工资占比不低于 50%，各级领导班子成员绩效工资占比不低于 70%。

再次，年功工资。年功工资按职工实际工作年限计算，可每五年为一段，如表 6–1 所示。

表 6-1　年功工资对应表

工作年限	年功工资标准（元）	工作年限	年功工资标准（元）
1	8	26	338
2	16	27	351
3	24	28	364
4	32	29	377
5	40	30	390
6	54	31	434
7	63	32	448
8	72	33	462
9	81	34	476
10	90	35	490
11	110	36	540
12	120	37	555
13	130	38	570
14	140	39	585
15	150	40	600
16	176	41	656
17	187	42	672
18	198	43	688
19	209	44	704
20	220	45	720
21	252	46	782
22	264	47	799
23	276	48	816
24	288	49	833
25	300	50	850

最后，辅助工资。根据不同的实际情况，辅助工资可以包括例如井下工作津贴、井下班组长津贴、优秀技术技能人才津贴等其他补贴以及加班工资、防暑降温费、保留工资等。上述各项津（补）贴的发放标准、执行范围和支付规定由各单位参照省、NY 集团或二级公司的相关规定执行。要注意，实施岗位绩效工资制之后，原安全网员津贴、保健食品补贴、环保监测津贴、大客货车补贴、铁路专线津贴、计划生育津贴、教护龄津贴、信访津贴、公安干警津贴、厨师津贴、14% 房改补贴、特级教师补贴、班主任津贴、审计补贴、卫生防疫津贴、误餐补贴、降岗补贴、粮贴、劳动争议津贴、群监员（哨兵、协管员）津贴、团干津贴、青安岗津贴等应原则上停止执行。

2. 优化薪酬激励体系，着力解决收入能增能减问题

企业是以营利为目的的经济组织，既要持续做大蛋糕，更要重视分好蛋糕。要坚持工资效益同向联动，突出市场化导向，合理确定工资总额和工资水平增长幅度，完善工资总额预算管理和动态监控机制。改革薪酬分配机制。树立鲜明导向，坚决打击“大锅饭”，推动工资分配向省外艰苦地区、重点创效单位和生产一线倾斜，严控各级机关人员工资，增长幅度原则上不超过当年本单位职工工资平均增幅，有效拉开部室和同职级员工收入差距。发挥工资分配激励作用，突出业绩导向，完善各类人员收入水平与岗位职责、个人绩效、承担风险等紧密挂钩的分配机制，合理拉开收入差距。持续推进中长期激励，综合运用多种方式增强激励效果，吸引和留住关键岗位、核心人才和技术骨干。

3. 岗位绩效工资制建立方法及步骤

建立岗位绩效工资制，组织范围大、涉及业务广、政策要求高、工作任务重、实施时间紧，必须把握工作节奏，讲究工作方法，注重工作实效，积极稳妥、有序实施。各二级公司建立岗位绩效工资制，总体上可分为六个阶段。

一是准备阶段，成立办公室，组织专业人员，制订具体工作计划。组织召开建立岗位绩效工资制工作会议，安排部署建立岗位绩效工资制各项工作。二是岗位调查、评价阶段，首先编制公司工种（岗位）调查表，分别对公司管理、专业技术和技能工种（岗位）进行调查摸底；其次在调查的基础上，对管理、专业技术、技能工种（岗位）名称进行规范，按照工种（岗位）说明书，组织专业技术人员制定工种（岗位）评价标准，进行岗位评价；最后依据工种（岗位）评价结果，划岗归类，确定岗级。三是方案编制阶段，编制职工工资情况调查表，对公司各工种（岗位）工资标准、津补贴执行情况进行调查，对省内外同行业、同岗位工资水平进行调查。对各工种（岗位）工资水平进行测算。科学设计岗位绩效工资单元，合理确定各单元的比重。参照公司工资水平、劳动力市场价位和公司效益状况确定各岗级对应工资标准。依据岗级科学设定岗位绩效工资倍数、岗级系数。编制《岗位绩效工资制实施方案》和《岗位绩效工资运行管理办法》。四是方案试套阶段，选择部分单位进行试套，仿真测试。在试套模拟运行的基础上，完善岗位绩效工资制实施方案。五是实施阶段，召开岗位绩效工资制专业会议，印发《岗位绩效工资制实施方案》《岗位绩效工资运行管理办法》。举办专业人员培训班。各单位制定岗位绩效工资量化考核办法。各单位对职工工资进行岗位绩效工资标准套改。六是总结完善阶段对建立完善岗位绩效工资制全面分析、系统总结。

（五）员工考核管理优化

1. 实现考核流程数字化，规范考核尺度标准化

员工考核，应该根据激励原则的具体内容，将员工的实际工资的平均水平和集团经济效益相关联，个人工资水平应和部门业绩和自身实际业绩考核结果相关联，充分发挥业绩的决定性作用，体现出工资与职责、绩效挂钩，保证公平公正。切实体现联职、联责、联薪、联效，充分发挥业绩考核导向作用，坚持公开公正原则。考核过程中可以恰当应用数字技术，如打卡签到、电子评估等，解决考核办法难以落实的难题，增强考核过程的客观性和可落实性。做到科学考核、严格考核、职责明晰、不漏一人、结果透明。坚持量化考评原则。结合部门职能和岗位职责，确定考核内容，考核标准做到指标式量化；难以指标式量化的，实行节点量化。坚持考核结果综合运用。考核结果要作为管理技术人员选拔任用、培养教育、管理监督、激励约束的重要依据。考核结果向部门和管理技术人员本人反馈，并在一定范围内公布。

为提升员工考核科学性，建立统一的考核标准，实现考核公平公正，可以在集团内部建立比较完善的绩效考核制度，具体的绩效考核主要包括三方面内容：经济性、安全性、环保性考核和部门以及在岗职位的业绩考核。绩效工资考核分经济性、安全性、环保性考核，部门业绩考核，岗位业绩考核三部分内容。

首先，经济性、安全性、环保性原则。这部分内容主要考虑的是利润目标（60%）、营收目标（15%）以及安全管理目标（25%），依据三项目标的具体完成情况，通过实际数据计算出绩效工资和经济性目标、环保型目标之间的关联性系数。

其次，部门业绩考核。这部分考核内容包括 KPI 考核（35%）、综合效能考核（50%）和服务型机关建设（15%）。

KPI 考核。考核指标可以 NY 集团各项重点工作，再考虑不同部门实际的业务特点，经集团最后研究、讨论并确定指标。考核过程中的完成情况由审计风险部等对上级部门下发的各项指标具体完成情况进行审计，最终由 NY 集团进行组织讨论后确定综合效能考核。这部分考核内容包括季度计划实际完成状况（70%）、各个部门实际工作情况（20%）以及部门建设完善程度工作（10%）。采取两种评价方式：上级评价（60%）以及同级部门内部互评（40%）。最后，上级部门和领导会根据各个部门的实际工作完成情况、具体工作量和部门各方面建设程度及完善程度进行综合考虑评价。评价结果分为三个等级：其中优秀等级占 30%，良好等级占 50%，一般等级占 20%。依据部门获评等级情况获得相应分值，计算得出最后的综合效能考核得分。服务型机关建设考核。由机关党委对各部门按

百分制进行考核，并将考核结果提供给运营管理部。

最后，岗位业绩考核。对于总监、总经理助理等同样是采用财务季度工作考核方式来进行考核，与综合效能考核评价方式相同，采用上级评价（60%）以及同级部门内部互评（40%）两种评价方式，评价等级同样为优秀等级、良好等级、一般等级三种。然后根据不同评级所获得的分值不同，综合计算得出考核结果分值，满分可为 100 分。在部门兼职总监、副总师、高级技术专家等的综合效能考核得分占比 50%，另外 50% 为部门业绩考核。

而对于其他普通员工来说，考核的内容主要是工作能力、态度以及个人业绩三个方面。每个季度结束后，各个部门都应对员工表现和业绩进行考评，考核方式可以是将上级评价、同级互评以及个人自我评测按比重进行综合评价。而每个部门的责任人则不再参加部门内部任何形式考核，部门责任人的考核得分由该部门总体业绩得分确定；部门内所有其他员工的最终得分须以该部门当季度实际业绩为评价依据，按比重进行折算。为了体现出不同员工之间的差异性，避免让考核方式成为形式考核，对待部门内部考核结果必须要符合两点：首先是部门内部最高和最低得分差距不得小于 10 分，如果最后分差在 10 分以下，则需要扣除部门本季度（10– 分差）% 的绩效。其次是部门员工得分的方差不得小于 20 或者必须大于等于部门员工人数。计算公式为：

$$D(X)=2E[X-E(X)]$$

其中，$E(X)$ 为员工得分总和 ÷ 员工总人数，X 为各部门、各员工得分。如果部门员工得分的方差不是大于等于 20 或者大于等于部门员工人数，则扣除该部门当季度（20– 分差）% 的绩效。兼职总监、副总师、高级技术专家、部门主要负责人等不参与相关计算。其他特殊情况如各种病假、产假等人员也不参与相应计算，工资发放按照相应规定规范执行。

2. 考核管理和薪酬管理相联系，强化考核结果运用

对于员工的季度考核除了用来计算员工的绩效工资外，还会将考核结果按照一定的比例计算到该员工的年度考核中来。每位员工的年度考核结果都是综合该员工的季度考核结果（50%）和年度考核结果（50%）两方面得到。最终得到的考核结果同样会应用到相应的薪资酬劳确定、奖惩措施、先进评选以及岗位调动等中来。

员工年度考评分组分类分层实施。分党群、安全生产、经营管理等专业，每个专业分层级按照考核得分评出优秀、良好、一般、较差四类人员。年度考评优秀的员工一次性加发绩效工资 1 万元；连续两年考评优秀的员工岗位工资标准晋升 1 档，不再加发绩效工资。年度考评较差的员工一次性减发绩效工资 5000 元；

连续两年考核较差的员工，岗位工资标准降低1档，不再减发绩效工资。岗位工资晋升、降低档次仅限于同岗级内的A、B、C、D、E五个档次。

（六）优化效果

总体来说，在厘清人力资源管理的问题，进行针对性的优化设计后，从近期效果来看，山东NY集团公司的人力资源管理体系的合理性和高效性得到了显著提升，NY集团人力资源管理体系优化方案的效果初步显现。从各项优化内容来看，除人员调配人员优化效果欠佳外，招聘、培训、考核及薪酬管理等各项优化项目成效较好。

1. 员工招聘项目优化效果

通过优化年度招聘计划报送、招聘过程实施、报到分配、见习期培养及试用期考核等员工招聘流程，员工招聘、培养及使用等方面稳步提升。同时，通过加大招聘宣传力度、强化新员工激励政策、提高新员工薪酬待遇、改变各权属单位招聘工作各自为政的工作局面等方式，山东NY集团品牌效应得以彰显，招聘成效大幅提高，截至本书完成时，2021年至2022年签约高校毕业生5028人，其中研究生468人，重点院校高校毕业生365人。

2. 员工调配项目优化效果

通过搭建数字化人力资源共享平台，山东NY集团内部人力资源信息库不断完善，人力资源共享平台优势充分发挥，NY集团权属各单位间人员调动、人员共享、人员协同等人员流动壁垒基本被打破，初步建立起体制健全、运行规范、服务周到的内部人才市场，人力资源配置水平大幅提高。关停企业员工安置渠道进一步拓宽，关停企业职工具有了更加多元化的岗位选择。驻外开发员工激励政策更加完善，驻外单位员工管理、薪酬分配、保障政策等情况趋于统一，员工驻外开发的政策性障碍降低，地面员工向井下转岗，本部基地员工向驻外开发转移积极性及驻外员工幸福感大幅提高。2021年，山东NY集团省内员工向驻外基地转移、分流安置和内部转岗培训人员达7386人。

3. 员工培训项目优化效果

通过整合权属单位教育培训资源，山东NY集团员工培训管理体系得以理顺，员工培训运行机制不断完善，资源布局大幅优化，能够以最少的培训资源投入，覆盖NY集团所有产业单位，减少重叠区域，避免重复建设和资源浪费，提高培训资源利用率，实现教育培训“一盘棋”，构建起“大培训、大作为、大效益”新格局，初步形成山东NY集团特色人才培养基地，实现人才规模化系统化培养。通过完善分类分级培训培养体系，采用数字技术采集员工信息的方式，实现NY集团员工差异化培训，员工培训效果评估机制更加完善，培训过程监督及培训后评估体系更加健全，员工培训质量不断提高。通过建立常态化人力资源学习机制，坚持“干什么学什么、缺什么补什么”的原则，真正将员工的学习注入日常的工作生活中，员工培训方式更加多样，培训机制更加灵活，培训效果更加突出。

4. 员工薪酬、考核管理项目优化效果

通过规范员工薪酬结构，制定统一的岗位绩效工资制度，NY 集团薪酬管理不断完善，工资分配激励作用凸显，工资分配实现向省外艰苦地区、重点创效单位和生产一线倾斜，各级机关人员工资增幅得到有效控制，各部室和同职级员工收入差距达到 30% 以上，员工的付出与收入直接挂钩，多劳多得，不劳不得，职工工作积极性、创造性及工作质效大幅提高。薪酬激励机制下，人才吸引力度不断加大，关键岗位、核心人才和技术骨干能够被更好地留住，NY 集团人才储备不断加强，一定程度促进了 NY 集团高质量发展。通过规范员工考核尺度，员工考核科学性、合理性、严格性得到提升，员工考核结果更加公平、公正、透明，真正将员工考核作为薪酬发放、岗位调动的关键依据，实现考核结果与员工选拔任用相挂钩，考核结果运用成效更加卓著。

本节基于前文分析的人力资源管理现状及存在的问题，对员工招聘、员工调配、员工培训、薪酬管理、考核管理等方面发现的问题分别提出优化提升方案，其中员工招聘方面主要由各自为战转为统一招聘，并对招聘流程进一步梳理完善，数字化招聘流程，提高招聘标准化和规范化，降低招聘成本，提高招聘质量；员工调配方面主要从建立数字化人力资源共享平台，优化员工分流安置等角度优化提升，打破员工内部流动壁垒，提高员工在各单位间的优势互补；员工培训方面，主要通过整合教育培训资源，实现专兼职师资库共享，并通过员工数字画像对各层级员工差异化培训方案进行梳理，实现全员素质提升；员工薪酬管理方面，主要从规范薪酬结构，建立统一的岗位绩效工资制度着手，梳理了岗位绩效工资制度的实施方法，形成收入能增能减、相对公平的分配新格局；员工绩效考核方面，主要通过实现考核过程数字化，规范绩效工资考核制度，统一绩效考核尺度标准，强化了考核结果的应用，缓解各单位间绩效考核结果差异较大的问题。最后，对人力资源管理优化体系效果进行评价。从短期来看，人力资源管理体系优化设计初具成效。

第四节　NY集团人力资源管理体系优化保障措施

一、树立人力资源管理理念

人力资源管理是现代企业中普遍需要树立的基本理念，坚持“以人为本”，坚持实施人性化管理。在人力资源管理中最重要的就是“人”，一个企业的正常运转首先就必须要依赖“人”，也就是员工，以人为本就是要企业必须采取各种措施激励、培养员工，关心、爱护员工。需要让员工树立正确的人生价值观，将员工想要实现的个人价值和企业想要实现的企业价值统一起来，给员工体现自身才能、智慧的机会，实现员工个人的全面发展，为员工提供良好的提升氛围和优越的工作环境。一切管理手段都需要体现人性化，充分尊重每个员工的人格，让员工更加具有主动性和激发创造欲望,让员工的积极性能够最大限度地发挥出来。

身为一名企业管理者，每个人都应该知道：在人力资源管理中惩罚不是最主要的目的，要“以奖为主，以罚为辅”，要和员工经常沟通交流，多激励员工，关心爱护员工，和员工之间相互理解。另外，每一名企业管理者都必须熟练掌握一些基础的心理学知识和行为科学方面的理论方法，通过理论学习以进一步走进员工的生活，了解他们的心理活动和员工的实际需求。与员工保持交流，了解他们的行为规律。本书中山东 NY 集团的高级管理者依据现在能源行业的一些现实特征，考虑到知识型人才的特别之处，从招募员工进入公司就开始从员工的角度出发，为员工制订合适的职业发展规划。将一些职业技能、专业知识提升等课程培训穿插到员工的日常工作和生活中，使每一位员工都能感受到公司良好的学习氛围，个人能力也能得到很好的提升。在工作量分配上，要坚持科学分配、合理分配，针对每位员工实际的技术能力进行合理规划，减少员工因工作量大等情况带来的工作压力。对于员工的日常行政事务，管理者需要时刻掌握员工的身体健康、心理健康等问题，营造良好的工作环境，可以通过定期开展相关活动加强员工之间的联系，协调员工之间的关系，促进企业文化的建立。

二、建立健全人力资源管理制度

结合企业战略发展需求，需要健全各项人力资源管理制度。企业人力资源管理制度的完善关乎企业正常运转的方方面面，包括为企业吸引人才，对系统进行开发以适应企业不断更新的需要，对员工进行培训和考核，提升员工的实操能力，建立起完备的薪酬福利体系，充分调动企业所有员工的积极性，最大限度地利用好企业所有的有形资源和无形资源。基于本书新提出的关于人力资源管理体系的优化措施，在山东 NY 集团现有的人力资源管理系统基础上，吸取过去的经验，结合目前的实际情况以及预估未来的发展趋势，对集团的管理制度进行进一步的优化整改，确保实现人力资源管理体系的前瞻性、科学性、适用性和时效性。

优化措施需要具有前瞻性。任何制度的制定及优化都不仅仅是基于过去的需求，更重要的是要结合企业当前的实际需求，考虑整个企业的未来发展前景。放眼未来，建立优化的管理制度一定要结合企业现阶段以及未来阶段的战略目标，与企业的发展接轨，确保制度的可行性、可持续性；优化措施还需要有科学性。这是指管理制度要能够科学地指导、引领企业规范执行人力资源管理工作。在系统管理，业务办理以及科学指导的每个流程都有着明确的职责部门，做到全环节、全步骤、全岗位职责明晰；优化措施的适用性是指在制定相关制度时要充分考虑企业的现实情况，充分考虑企业内部每个部门、每名员工的看法及建议，保证每条制度都在正确的道路上执行，不会出现无法执行等意外情况；优化措施的时效性是指制定措施需要一定的时间，这就导致制度的实行具有一定的滞后性，因此在制度制定时就要时刻关注各种企业政策信息，及时对制度进行修改，适应内外部的变化，保证优化制度的有效性和先进性。

创造良好的企业环境，促进企业和员工和谐、持续、健康发展，关键是建立完善的人力资源管理制度。本书为了建立 NY 集团良好的人力资源管理体系，准备从下列几个方面着手。

（一）完善招聘制度

根据实际情况更新和完善招聘制度，精细招聘流程，严格执行各种招聘原则。通过人工智能、大数据算法等数字化技术帮助企业不同岗位招聘适合需求的各种人才，一方面可以减少新员工的适应难度，另一方面也可以减少企业的成本投入。

（二）培训制度保障

从根本上将员工培训纳入企业的规章制度中来，重视员工培训，明确培训目标，并为顺利开展培训提供各种保障措施，提高员工对企业的忠诚度，给予员工晋升的机会。

（三）明确绩效考核制度

人力资源管理的核心就是如何做好绩效考核，因此明晰绩效考核相关的规章制度是重中之重。制度内容要明确考核结果，让员工知道考核结果和绩效工资之间的关联性。

（四）完善薪资福利制度

除了基础工资，还要让员工明确职级工资的一些规定，让员工看到晋升的方向和晋升的结果，充分调动员工的积极性，明确自身现在的状况和未来要提升的具体方向，使员工能够更好地调整自己，发挥自身的主观性和能动性。

三、建立有效机制加强组织保障

（一）管理层支持

企业任何一项措施的实施都离不开管理层的支持，人力资源管理体系优化也是如此。管理层的支持是实现 NY 集团人力资源管理体系优化的重要基础保障，因为每一项措施的落实都需要大量的人力、物力、财力等，管理层的支持让企业可以在保证整个企业正常运行的同时，保证各项方案有序推进，管理层的支持为落实各项措施提供了人、物、财的支持，大大增加了最终方案落实成功的可能性，管理层的支持也可以减少部门之间沟通交流可能存在的矛盾，也会保证整个措施落实过程中不会偏离方向。

（二）各部门配合

任何一项工作的完成不仅要依靠一个部门的努力，更需要企业各部门的协调和配合。要想优化企业的人力资源管理体系，除了需要人力资源部门牵头负责大部分工作，在优化过程中也离不开其他相关部门的大力支持。如果缺少了其他相关部门的良好配合，优化工作也只能是事倍功半，甚至只能中断，无法顺利进行到底。优化人力资源体系的本质就是为其他部门提供更好的人力服务，在进行优化的过程也就离不开相关部门的参与、支持，因此其他部门在优化过程中的配合也是极其重要的。

（三）机制保障

优化过程中需要各方面的配合，因此，为了达成优化目标，仍要建立相应的保障机制，明确企业、管理人员和普通员工的相应职责。一方面应该建立沟通反馈机制。良好的沟通是保障优化顺利进行的重要条件，任何一项措施的实施，都需要有完备的沟通反馈机制，使管理者可以及时地了解工作的落实情况，了解实施进度，听取各个方面的建议，进行综合判断，也使员工可以及时地反馈自己的意见和实际存在的问题，保证优化工作的顺利实行。

另一方面还应建立监督机制。任何措施的顺利完成都需要一定的监督管理，监督的不仅仅是各项工作是否按计划开展或者工作开展中是否存在问题，或者工作开展的进度是否依计划而行，还要监督优化措施完成后，企业里的每一位管理者或者每一位员工是否按照新的规章制度开展工作、工作行为是否符合制度要求等。有效的机制保障是实现企业人力资源优化的又一重要措施。

四、有力的财务保障

企业所有活动的开展都需要财务的支持，包括各项人力资源管理活动。同样，山东 NY 集团进行优化措施也需要企业有足够的经费保障。因此在优化措施开展之前，人力资源管理部门需要编制相应的预算书，内容包括详细的优化措施所需要的资金预算，以此来取得企业管理层的支持，愿意为优化工作划拨专项专款，保障优化工作的顺利进行，同时在优化工作实施过程中及时向管理层汇报相关进度以及资金去向，记录相关数据为之后的优化工作提供资金参考。

五、与企业文化相结合

除了物质上的满足，一个企业要得到良好的发展，也必须让员工在精神上得到满足，也就是感受到良好的企业文化。员工个人的价值观可以在企业文化的引导下与企业的价值观一致，企业文化可以给员工正确的引导，提高员工对于企业的认同感、忠诚度，把员工个人的职业发展与企业的发展相统一，发挥员工的积极性，使得企业各项工作得以顺利开展。企业文化是一个优秀企业的灵魂。在企业发展中，将人力资源管理与企业文化结合起来具有十分重要的作用。

（一）企业文化能增强企业凝聚力

优秀的企业文化能够把员工凝聚在一起，使员工产生归属感和认同感，从而形成合力，共同完成任务。企业文化被视为企业的灵魂和力量，能够激发员工的创造力和潜力，提升企业的竞争力，从根本上增强企业的凝聚力。

（二）良好的企业文化能够吸引人才

企业文化还可以帮助企业展示自己良好的业绩，展示自己企业的精神面貌，展示自己企业的经营管理策略，这样可以帮助企业树立起一个良好的形象，吸引更多志同道合的人才，也可以帮助企业留住有共同目标、共同价值追求的人才。

（三）企业文化对企业员工具有导向作用

优秀的企业文化可以给员工无形的指导，既可以让员工按照企业的要求及时、准确地完成自己的任务，也可以降低企业的管理成本，减少不必要的支出。另外，优秀的企业文化可以明确企业的前进方向和指导员工的前进方向，指导员工们自觉遵守企业相关规章制度，了解企业未来发展方向和发展需求，可以有针对性地对自我进行提升，促进员工和企业共同成长。

（四）企业文化可以更好地产生激励作用

良好的企业内部环境对于提高员工工作的积极性是非常重要的。恶劣的企业工作环境会给员工造成极大的心理负担，心理、身体都会产生或多或少的问题，无法将自身沉浸在工作之中，更感受不到工作可能会带来的积极情绪，而且很有可能会在工作中产生大量的负面情绪。优秀的企业文化将会给员工带来良好的工作氛围，引导员工形成良好的价值观，对员工产生积极的鼓励，充分发挥员工的创造能力，使员工的个人素质得到了极大的提升，也增加了企业在行业中的竞争优势。

（五）企业文化产生规范作用

什么可以做，什么不可以做？企业文化在无形中让员工知道了这个问题的答案，规范了员工在企业中的行为，知道什么可以做，是企业文化对员工的规范作用；知道什么不可以做，也是企业文化在无形中发挥的重要作用，让员工知道什么与企业目标是不一致的。企业文化为企业管理者和员工提供了软约束，让员工清楚地知道企业的发展目标、前进方向，可以充分激发工作的热情，明白工作内容，工作意义，提高员工的执行力和责任心。山东 NY 集团的企业文化建设将会在以上总结的重点的基础上，结合企业的现实运营情况，形成优秀的企业文化，带领企业和员工实现更高的目标。

因此，在人力资源管理体系优化的过程中，将其与企业文化相结合是十分必要的。一方面，可以在员工技能培训的过程中植入企业文化内容，让员工能够认识并且内化企业文化，增强企业凝聚力。另一方面，可以丰富员工工作之余的生活，通过一系列的团建活动、增建企业图书馆、健身房等文娱设施，让员工感受到企业的“家”氛围，将企业文化融入员工工作生活的方方面面。

本节主要从保障 NY 集团人力资源管理体系优化提升的角度，明确了树立人力资源管理理念、建立健全人力资源管理制度、建立有效机制、有力的财务保障人力资源管理优化提升以及与企业文化相结合等五个保障措施，确保人力资源管理体系优化提升的顺利进行。

第七章　双循环背景下煤炭企业转型发展中经营风险管理的优化

第一节　经营风险管理的相关理论

本节将对经营风险管理的基础理论和相关理论进行阐述，汇总形成对经营风险管理优化研究具有指导意义的理论基础。

一、经营风险概述

（一）经营风险、经营风险管理与一般管理的概念与区别

经营风险是指企业在采购、生产、库存、销售、回款等经营流程的各个节点出现的不确定因素导致企业资金或利润变动的不确定性现象。经营风险通常包括采购风险、库存风险、生产风险、销售风险、售后风险等。经营风险会严重影响企业的经营活动和财务表现。当前随着我国市场经济的快速发展，宏观环境和行业环境出现诸多变化，企业经营过程中也可能遇到很多不利或不确定因素，这些外部因素和内部因素对企业的经营业绩和日常运营造成了一定风险，这种风险总体上就是经营风险。

经营风险管理是指企业通过一系列预防性的管理活动，把潜在的经营风险因素或环境变化对企业造成的影响或损失降低到最小或避免。当企业面临经济下滑、宏观环境变化、行业萎缩、技术进步带来的产品迭代等形势时，企业经营稳定的风险性大增。提高企业的经营风险管理水平，有助于降低经营风险发生时给企业带来的损失，提高企业的经营稳定性和持续稳定的发展能力。

经营风险与经营风险管理是两个不同的概念，无法混为一谈。经营风险管理的对象就是经营风险。其中宏观环境变化和行业环境变化是影响经营风险的外部因素，是客观存在的风险因素，但不会影响经营风险管理。而经营风险管理是企业自身的事情，企业要针对经营风险因素进行风险管理和控制。企业管理存在的问题是在应对这些风险因素上是否采取了有效的管理手段。

一般管理是指组织中的管理者，对组织所拥有的各种资源进行有效的决策、

计划、组织、领导、控制，以期高效地实现组织既定目标的过程。显然，企业的经营风险管理是一般管理的子集。一般管理活动涵盖企业的方方面面，而企业的经营风险管理活动主要对象仅是经营风险，是为了降低外部和内部经营风险因素对企业造成的损失或盈利降低的预防活动。尽管如此，现代企业的风险一词，已经深入企业经营活动的方方面面，企业必须时时刻刻防范和应对经营风险，企业的经营风险管理活动日益融入于其日常经营活动中。因此，企业的经营风险管理与一般管理的落脚点大多是一样的，经营风险管理优化措施与一般管理优化措施某些时候是一致的。

（二）经营风险的分类

通常而言，企业的经营风险来自不同的层面，既有企业外部的，也有企业内部的。外部经营风险因素主要来自企业外部环境，外部环境又可分为宏观环境和行业环境。宏观环境主要包括政治环境、经济环境、社会环境等；行业环境主要指企业所处的行业本身。

因此，外部风险包括宏观风险和行业风险。其中，宏观风险包括由政治、经济、法律、社会及技术变革等环境因素对企业经营带来的风险。行业风险是指行业生命周期的变动、行业的壁垒、行业的集中度、行业产品价格的波动性等，这些都会给行业内或行业外相关企业带来不可避免的经营风险。

内部经营风险因素来自企业内部，体现在企业生产经营流程的各个环节，在企业采购、生产、库存、销售、人事到售后这一完整的价值链活动中。从管理层面，一般认为企业风险是由经营风险和财务风险组成，其中，与商品生产和销售直接相关的风险称为经营风险；与企业投资、融资决策相关的风险称为财务风险。但事实上，所有的经营风险因素都会影响企业的经营活动和管理决策，进而影响企业的绩效水平，最终体现在企业的融资、投资和营运三大风险上。本书主要运用财务管理的视角来发现和解决存在的经营风险管理问题，因此本书将企业面临的内部经营风险问题分为融资风险、投资风险和营运风险三类。

融资风险。融资是指企业通过各种方式和渠道借入发展所需要的资金；融资风险是指企业无力偿还利息或本金而导致企业经营和利润受损，甚至影响企业存续的可能。投资风险。不论是企业用于内部设备更新改造的投资，还是企业对外投资并购、兼并重组、新建项目等，在投资决策和投后实施过程中由于信息不对称、决策偏差或错误、执行不力等导致预期收益的偏差，称为投资风险。

营运风险指公司在营收周期内或营收周期之间资金流转不畅致使企业的日常营运出现困难的风险。营运风险主要表现为应收账款坏账风险和存货减值风险。企业内部风险因素表现在生产经营活动的方方面面，这些风险因素都需要企业日常的经营管理活动进行预防和应对，如果这些管理活动存在缺失或不完善，最终都会反映到公司的财务报表上，因此通过分析公司的经营风险管理现状和过去五年的财务报表，发现这些经营风险管理中存在的问题，并分析其原因，然后针对这些问题进行管理措施上的优化。

（三）经营风险的管理流程

管理学上把认知分为三个阶段：认识、评价和态度。同样，经营风险管理的流程也包括三个环节：经营风险识别、经营风险评价和经营风险控制。本书的写作主题是经营风险管理的优化，侧重点在于管理问题的优化，因此本书采用的经营风险管理分析流程为“发现经营风险和经营风险管理中存在的问题—分析问题成因—优化风险管理”。

1. 发现经营风险和经营风险管理中存在的问题。经营风险识别是指通过各种已暴露或潜在的迹象判断生产经营活动中可能造成企业利润变化或生产活动停滞的影响因素。如通过对宏观环境和行业环境的变化因素进行综合考虑，是否存在对企业利润造成变化的风险因素；通过对企业内部生产经营环节的各个节点进行风险识别，初步判断是否存在内部风险因素。

经营风险的识别是风险管理的首要环节。常见的经营风险识别方法有三种。一是生产流程分析法。它是指对企业的产、销、购、运等整个生产流程的各个环节进行全面分析识别，找出各流程各环节可能对企业造成的损失因素，从而发现全流程各种潜在的风险因素。二是财务报表分析法。它是指运用财务分析的方法对企业的财务报表或会计报告进行详细分析，找出企业可能存在的经营或财务风险。三是保险调查法。它是指委托保险咨询服务机构对该企业的经营环境、生产流程、风险管理状况等进行全面调查，找出可能存在的各种风险源。本书对经营风险和经营风险管理中存在问题的识别采用的主要是财务分析法。

2. 分析问题成因。分析问题成因也就是经营风险评价。因为经营风险评价包含两层意思：一是对已经发现的经营风险影响因素进行定性或定量的计算，判断经营风险影响程度的大小；二是对已经发生的风险事故，找出原因，判断其对企业造成损失的可能性大小。本书主要是找出经营风险管理问题的原因所在。

3. 优化风险管理。优化风险管理即优化经营风险控制手段，相当于解决问题，这里也有两层意思：一是针对已经发现的经营风险因素，并做出风险大小评判后，提出风险控制方案，目的是降低或避免风险发生时对企业的损害；二是针对现有的经营风险管理控制措施中的不足和缺陷，采取改进措施，优化经营风险管理措施。本书的经营风险管理优化是第二层意思。

通常有以下几种方法来控制财务或经营风险。

1. 转嫁风险。它是指企业通过一定的方式和渠道将已经发现的潜在风险因素转移到别处，比如企业将亏损的项目或亏损的下属子公司剥离或出售，企业为风险较大的资产或项目购买保险等行为都是风险转嫁行为。

2. 回避。它是指对于潜在的风险较大的因素予以回避，比如企业不购买风险较大的资产，企业不采购质量较差的原材料，企业不雇用品质低劣的员工等行为。

3. 加强防范。对无法回避且无法转移的经营风险因素，企业提前做好预防措施，比如企业安全应急预案等。

4. 组合。企业的股权分散化、企业经营多元化都是通过组合行为来规避市场风险的经营活动。

（四）经营风险分析方法

定性和定量分析是最常见的研究方法。本书在 Y 煤炭公司经营风险管理的优化研究中同样用到这两大类方法。

首先，定性分析方法包括三种。

1. 专家评价法。这个方法是指根据有关专家的理论和经验对相关企业或组织进行风险识别和评价，存在一定的主观性，有一定的误差。

2. “四阶段症状”分析法。该方法借鉴企业成长的四个阶段，把经营风险在企业活动中影响程度大小分为四个阶段：潜伏期、发作期、恶化期和实现期，不同时期的经营风险发生可能性不一，造成的损失不一，可预防程度不一。

3. 三个月资金周转表法：该方法是根据企业三个月内的现金流量表来估计企业的流动性，来评价企业经营的流动性是否充足，企业是否存在短期偿债风险。

其次，定量分析方法包括两种。

1. 报表分析法。该方法是通过财务分析的方法，对企业的三个主要财务报表进行分析，从报表中发现企业可能存在的经营风险管理问题或风险因素。具体财务分析的方法包括：横向对比法、纵向对比法、比率法等。还有指标分析法，该方法是通常财务分析方法中用到的对企业四种能力的分析，包括盈利能力、流动能力、偿债能力、周转能力等。

2.Z-Score 模型分析法。该方法是 Edward Altman 教授通过多个财务指标变量的计算，判断企业是否存在破产的风险以及破产风险大小的一种数学模型。

二、经营风险管理相关理论

有关经营风险管理的理论，本书主要从国资委全面风险管理框架、资本结构理论和经营杠杆理论等理论展开。

（一）国资委全面风险管理框架

《中央企业全面风险管理指引》（以下简称《指引》）是国务院国资委于2006年颁布的，旨在指导国资委下属的企业全面贯彻执行风险管理工作。

全面风险管理的定义是指企业应建立风险管理的总体目标，并通过“一个流程”（指将风险管理的基本流程融入企业生产流程的各个节点和管理工作的方方面面）；“一个文化”（指用风险管理文化重塑企业文化的内涵）；“一个方法”（指建立和完善包括总体策略、管理机制、信息系统和内控系统等在内的全面风险管理体系），全面实现企业风险管理的总体目的，提高企业的风险管理水平和盈利水平，最终实现企业总体经营目标。

在制度建设方面，《指引》指出，企业应建立专门的风险管理制度，包括但不限于岗位授权制度、责任制度、审计考核、考核评价、风险预警、岗位权力制衡等专门的风险管理制度。

在风险管理组织体系方面，《指引》指出：企业应设立专门的风险管理部门来全面负责风险管理的工作，同时在企业的基础组织架构层次，董事会下面应设立风险管理委员会。此外，企业应建立风险管理的审计部门、事务部门、法律部门和其他相关职能部门的组织机构和岗位职责，完善全面风险管理的组织体系。

在风险管控方面，《指引》指出：企业分层次、分步骤地建立风险管理的内控方案，其中，针对重大风险所涉及的业务，建立覆盖全公司、跨部门的全流程风险管理控制措施；对于一般风险所涉及的业务，针对其重要风险控制点，建立可协调的风险管理控制措施。此外，企业应建立畅行无忧的风险管理信息系统，确保上下级、部门间的风险管理信息传递准确、无误、及时有效，确保全流程风险管理控制措施的实施。

本书以国资委全面风险管理框架和经营风险管理流程理论为指导，对Y煤炭公司的经营风险管理现状进行分析，发现其经营风险管理机制不完善的问题，并以此为基础提出经营风险管理机制在组织机构、基本制度和管理流程等方面的优化方案。

（二）资本结构理论

正如经济学中将资本作为企业存续的基石，资本结构是指企业资本的来源和构成比例。Modigliani 和 Miiler 两位教授于1958年最早提出了MM理论，认为企业的价值不因债务融资和股权融资的比例变化而改变。1963年两位教授提出了修正的MM理论，他们认为由于存在“税盾效应”，公司可以通过加大财务杠杆，即增大债权资本的方式提高公司价值。所谓的“税盾效应”，是指企业在税前支付债权人的利息，从而导致股东权益间接增大。最优资本结构是指在一定的财务杠杆下，满足下列两个条件的资本结构：一是平均加权资金成本最低，二是企业价值最大化。

融资优序理论是指采用不同的方式融资时，什么样的融资先后顺序对企业价值最大化最有利。该理论认为在信息不对称情况下，外部融资要付出更多的融资成本，因此，企业融资的最佳顺序为：内部融资最优，债务融资次之，股票融资最后。

本书以资本结构理论为依据，对Y煤炭公司内部的融资风险问题加以分析，发现其资本结构不合理的问题并分析原因，就此提出对融资管理方面的优化措施。

（三）经营杠杆理论

企业经营经常会有一个现象，就是利润变动率大于产销量变动率，其背后的根源在于企业经营成本中有固定成本，这一规律就叫作经营杠杆效应。相应的，EBIT的变动率与销售额变动率的比值就是经营杠杆系数。在企业经营中固定成本作为初始投入后往往成为沉没成本，当企业销量增加时，会使单位固定成本下降，企业利润率提升；反之当企业销量减少时，会使单位固定成本增加，企业利润率大幅降低，这就是由于经营杠杆作用引起的营业风险。企业一般可以通过降低单位固定成本、加大研发提高生产率、提高销售额等措施降低经营杠杆系数，降低企业经营风险。

本书以经营杠杆理论为依据，分析Y煤炭公司在投资风险方面的问题，发现其在经营杠杆和投资项目等方面存在的管理问题，并就此提出投资管理优化措施。

（四）Z – Score模型理论

Z–Score模型是Edward Altman教授提出的一种对企业是否有破产风险进行判断的多变量的风险评价系统。此模型在对企业的风险评价实践中得到了广泛的应用。该模型针对上市公司和非上市公司，有两个不同的计算方式。

通用的计算方式为：$Z=1.2X_1+1.4X_2+3.3X_3+0.6X_4+0.999X_5$；

对未在证券市场上市的公司，相应的计算公式修改为：

$Z=1.0X_3+6.56X_1+3.26X_2+0.72X_4$。

其中，X_1 流动资金净额占总资产的比例，X_2 是留存收益与总资产的比值，X_3 是EBIT占总资产的比例，X_4 是优先股和普通股市值和与负债总额的比值，X_5 是销售额占总资产的比值。

在该模型中，破产风险判断准则为 $Z<1.81$ 属破产区，$1.81 \leqslant Z<2.67$ 属灰色区，

2.67<Z 属安全区，Z 值越大，企业的生存处境越安全。

本书中 Z-Score 模型理论主要应用于对风险管理流程不完善问题中的风险评价管理措施进行优化。

第二节　Y煤炭公司经营环境分析

本节首先简要介绍 Y 煤炭公司的概况，然后分别通过 PEST 模型及波特五力模型等分析 Y 煤炭公司外部宏观环境和行业环境变化风险，最后通过三项基本的企业经营活动分析其内部微观经营风险，从而识别企业潜在的外部和内部经营风险因素，为 Y 煤炭公司经营风险管理优化确立前提。

一、Y 煤炭公司概况

（一）公司概况

Y 煤炭公司成立于 2002 年 7 月，注册资本为 22 亿元。Y 煤炭公司目前拥有二级公司 10 家，分属于煤炭生产和销售、煤炭进出口、电力生产和供应、供热等相关领域。公司股权结构如下图 7-1 所示。

Y 煤炭公司母公司为 Y 能源集团有限公司，最终控制方为 Y 市国资委。

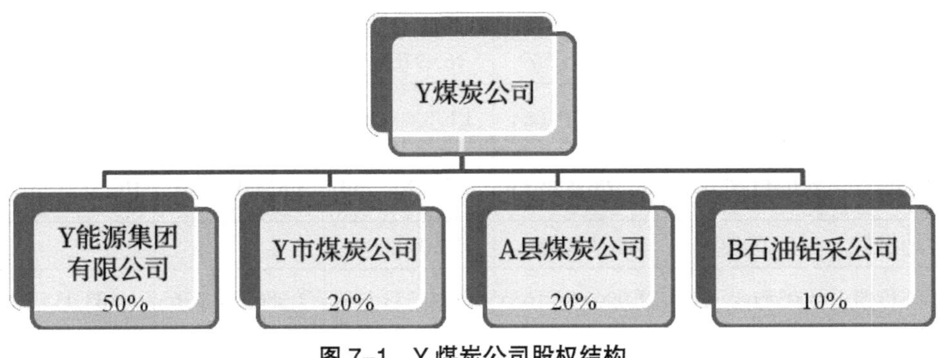

图 7-1　Y 煤炭公司股权结构

（二）基本经营情况

表 7–1　Y 煤炭公司 2014—2018 年主要经营数据

年度	2014 年	2015 年	2016 年	2017 年	2018 年
资产总额（亿元）	56.3	60.29	67.31	88.54	106.98
净资产（亿元）	42.9	49.33	50.7	77.67	90.94
主营业务收入（亿元）	38.43	30.95	34.9	62.91	62.2
净利润（亿元）	9.97	5.48	5.56	26.97	19.8
资产保值增值率（%）	106.54%	114.99%	102.78%	153.20%	117.09%

表 7–1 为公司 2014—2018 年主要经营数据指标，业绩总体不错，但净利润不稳定，持续稳定的盈利增长水平有待提高。尽管近几年煤炭市场有所回暖，但 2019 年以来煤炭市场又陷入了不可避免的需求下滑境地，煤炭企业仍然面临经营业绩波动、下滑甚至亏损的风险。

表 7–2 和表 7–3 是其 2014—2018 年的资产负债表和利润表主要情况。

表 7–2　Y 煤炭公司资产负债情况（单位：元）

年度	2014 年	2015 年	2016 年	2017 年	2018 年
货币资金	182,248,373	247,401,418	600,446,589	381,206,268	1,794,534,991
应收票据	211,711,679	222,492,166	790,293,953	1,568,505,641	755,112,059
应收账款	626,455,847	923,040,593	623,575,629	784,658,473	1,654,075,026
存货	246,745,540	185,951,569	465,976,936	36,102,674	83,759,171
流动资产	2,817,311,343	2,541,118,064	3,178,403,915	4,536,837,418	6,245,914,272
总资产	5,634,062,431	6,028,288,955	6,731,204,759	8,854,390,248	10,698,006,116
短期借款	300,000,000	400,000,000	50,000,000		
流动负债	1,035,649,618	1,094,595,163	1,660,553,149	1,086,878,936	1,603,935,593
非流动负债	309,310,000	1,200,000	393,184	393,184	39,968
负债总额	1,344,959,618	1,095,795,162	1,660,946,334	1,087,272,120	1,603,975,561
所有者权益	4,289,102,813	4,932,493,792	5,070,258,425	7,767,118,128	9,095,030,554

表 7–3　Y 煤炭公司利润情况表（单位：元）

年度	2014 年	2015 年	2016 年	2017 年	2018 年
营业收入	3,842,675,680	3,094,961,030	3,491,472,854	6,290,682,045	6,220,104,754
营业成本	3,714,853,682	3,149,340,888	3,1611,771,991	6,043,716,114	6,058,136,626
销售费用					
财务费用	74,820,761	22,996,708	10,281,551	–1,977,273	–10,970,672
管理费用	44,739,234	51,213,65	56,487,771	55,101,273	64,814,466
投资收益	1,011,226,333	690,374,560	347,915,958	2,578,442,666	1,920,223,772
营业利润	998,701,461	549,970,377	597,344,872	2,738,100,829	2,001,416,031
利润总额	997,881,210	549,762,652	592,104,567	2,737,496,984	2,001,416,031
净利润	997,881,210	549,762,652	555,627,433	2,696,859,702	1,980,095,532

二、宏观环境分析

从 Y 煤炭公司管理层角度看，经营环境一般分为外部环境和内部环境。本书从宏观环境和行业环境两方面来分析企业面临的外部环境变化风险因素。其中，宏观层面可以通过 PEST 分析模型对 Y 煤炭公司的宏观环境现状和变化进行分析，行业层面则通过盈利状况、周期特性及波特五力模型等分析煤炭行业环境变化造成的风险因素。通过分析外部环境的现状和变化，识别企业面临的外部环境风险因素，从而为企业经营风险管理优化奠定基础。此外，企业的生存和发展离不开外部环境的支持和制约，外部环境的变化影响着企业的经营水平和盈利状况，对外部环境变化的分析有利于更深刻地对企业的经营风险管理问题进行研究。

（一）政治环境因素

政治环境对煤炭行业经营风险管理的影响主要体现在煤炭行业的相关法律法规和宏观经济政策，这些会影响煤炭行业的发展前景和盈利能力，良好的经营风险管理水平有利于企业降低政治环境变化对企业经营水平和盈利能力的不利影响。

1. 法律法规因素

我国多数煤炭企业是国有大型能源企业，承担了很多社会责任，但在煤炭产能过剩、煤价下行的局面下，煤炭市场无法有效出清。因此 2016 年初，国务院颁布了《关于煤炭行业化解过剩产能实现脱困发展的意见》，开启了煤炭行业的去产能降库存之路；2016 年 12 月国家能源局印发了《煤炭工业发展“十三五”

规划》，计划到2020年全国煤炭产量约为39亿吨。一系列相关政策的出台有力地推动了煤炭企业去产能谋发展。陕西省针对煤炭行业去产能、优化产业结构也相继出台了政策文件，其中仅2016年陕西省就关闭煤矿124家。进入2019年，随着贸易摩擦的加剧，供给侧结构性改革政策带来的资源价格高涨给下游制造业带来了很大的通胀压力，长期来看煤炭行业的供求局面仍不乐观，煤炭消费需求量下滑的局面难以扭转。未来靠政策抬高煤炭价格的预期因素在降低。

2. 税收政策因素

税收政策作为政府主要的调控手段之一，可以直接对经济、社会及科技等进行调节和干预。2019年的政府工作报告提出了将制造业的税率由16%降至13%的增值税改革的多项减税降费措施。增值税税率的降低，将有利于煤炭企业减轻税负成本压力，为企业进一步优化经营风险管理水平提供辅助，对制造业尤其是能源行业的业绩水平有长远影响。

总之，煤炭行业的法律法规和税收政策对煤炭行业的发展有利有弊，是机遇也是挑战，煤炭企业更需要的是提高自身的核心竞争力和经营风险管理水平。对Y煤炭公司经营风险管理优化，必须考虑法律法规和税收政策的影响，尽管当前的法律法规和税收政策总体上是有利于企业提高经营管理水平和盈利状况的。

（二）经济环境因素

企业作为市场经济中的活跃主体，受经济环境的影响更甚，尤其是煤炭消费需求直接影响煤炭企业的经营水平和盈利能力，因而企业必须加强对经济环境风险因素进行风险管理的能力。影响煤炭企业经营水平的经济环境因素主要包括以下两项。

1.GDP 水平

改革开放以来，我国经济发展取得了举世瞩目的成就。如图7-2所示，2019年我国的GDP总量已经稳居世界第二，达到了99万亿人民币的水平。

但伴随着经济增长的结构性矛盾凸显，内生性动能不足，我国经济增速由高速期步入“新常态”期，经济增速放缓导致对基础能源消耗的增速降低，能源消费需求减缓；同时在传统经济向新经济的转型期，原来支持经济快速增长的双引擎是房地产行业和汽车产业，现在都面临行业景气度不足，导致钢铁、建材等上游产业需求减小，间接导致煤炭消费降低。总之，在当前的国家宏观经济形势和行业环境下，煤炭行业面临着严峻的挑战。

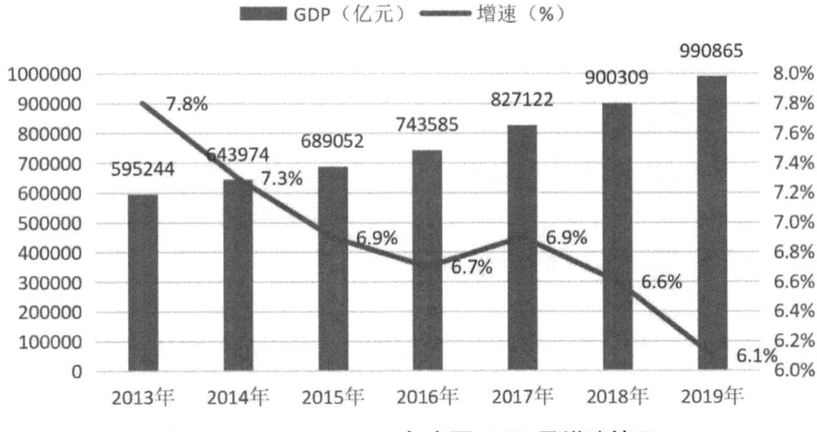

图 7–2　2013—2019 年中国 GDP 及增速情况

2. 进口煤炭的影响

近年来，随着宏观经济形势的变化和改革开放的深入发展，我国作为煤炭生产大国，仍然不可避免地每年要进口部分煤炭，如图 7–3 所示。从历史数据来看，2012 年至 2013 年煤价较高时，煤炭进口量较大达到 3.07 亿吨；随着国内煤炭价格大幅下跌，2015 年煤炭进口量大幅下降 29.9% 到 2.04 亿吨；近两年由于煤价反弹至高位，煤价进口量逐渐增加，但占比不大，2019 年预计煤炭进口量不超过 2.5 亿吨，通过进口煤炭调节国内煤炭供需平衡的作用不断加强。企业也需采取措施，提高经营风险管理能力，降低进口煤炭对企业经营水平和盈利能力的冲击。

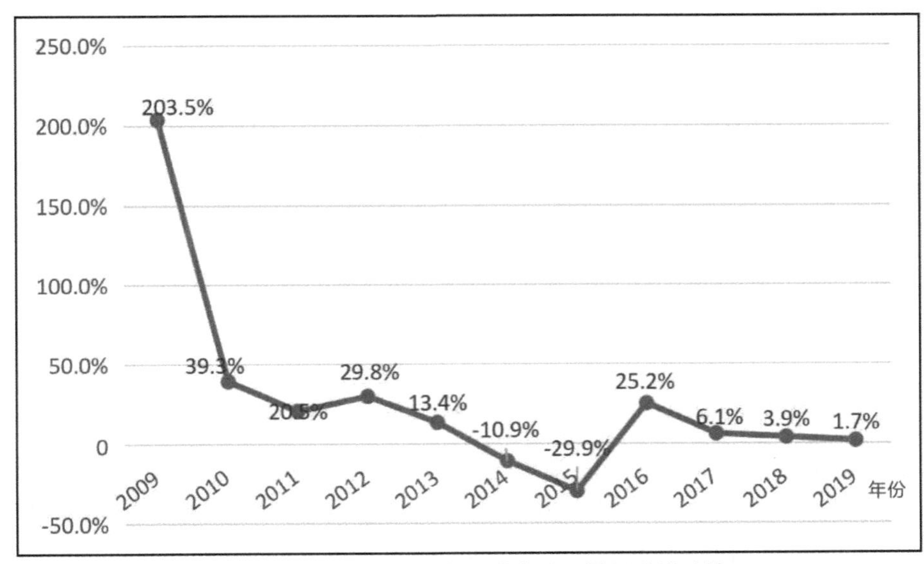

图 7–3　2009—2019 年全国煤炭进口量同比增速情况

综上，宏观经济增速下滑和进口煤炭冲击是经济环境风险因素中最显著的两个特点，是企业经营风险管理重点防范的因素，也是Y煤炭公司经营风险管理优化时需要重点考虑的因素。

（三）社会环境因素

社会环境因素会影响企业的发展战略和盈利能力，企业的经营风险管理必须考虑社会环境中的风险因素，对Y煤炭公司的经营风险管理优化同样如此。社会环境因素主要体现在以下两个方面。

1. 清洁能源的替代

煤炭燃烧产生大量的有害气体，解决煤炭燃烧造成的环境污染问题一直是困扰煤炭行业的重要难题之一。传统的方法是增加脱硫脱硝装置净化煤炭燃烧产生的尾气。近年来，绿色能源、可再生能源的发展日益受到全球关注，用清洁能源替代传统能源，从根本上解决气候变化和环境污染问题，也成为我国未来能源消费结构化战略调整的目标。如图7–4所示，2016年，煤炭在中国能源消费结构中占比仍然超过60%，但根据国家工业“十三五”规划，到2030年煤炭消费量占比要下降到45%左右，清洁能源的替代步伐逐渐加快。

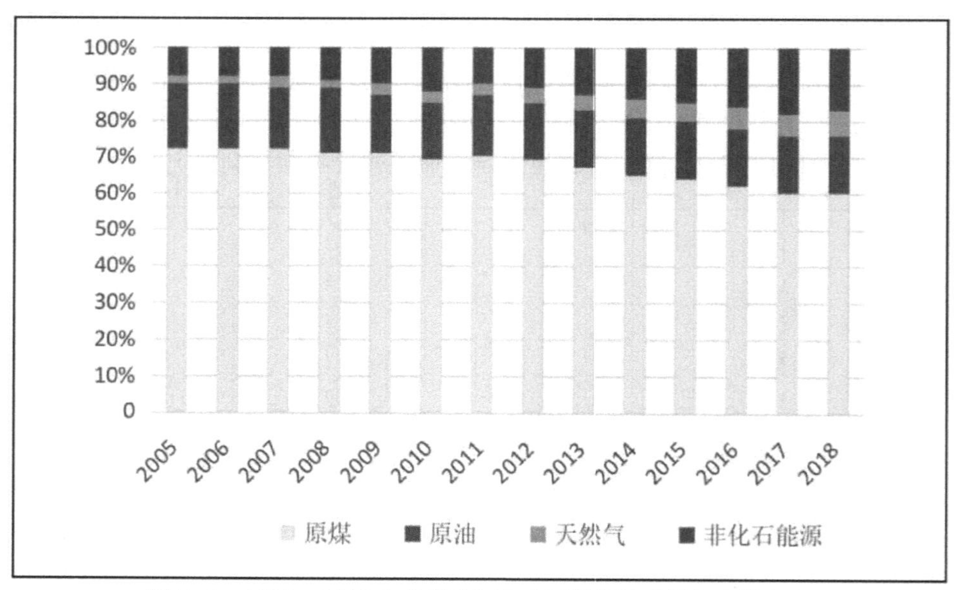

图7–4　2005—2018年各类资源在中国能源消费结构中的占比

此外，由图7–5可以看出，2014—2018年清洁能源消费占总能源消费的比例也在不断提升，2018年清洁能源消费占比已达22%，虽然煤炭依然是我国现阶段的支柱能源，但清洁能源对煤炭能源的替代已然大势所趋，这会对我国煤炭企业的长期发展战略和持续稳定的盈利能力造成严重的挑战，企业的经营风险管理优化必须重点考虑清洁能源替代的影响。

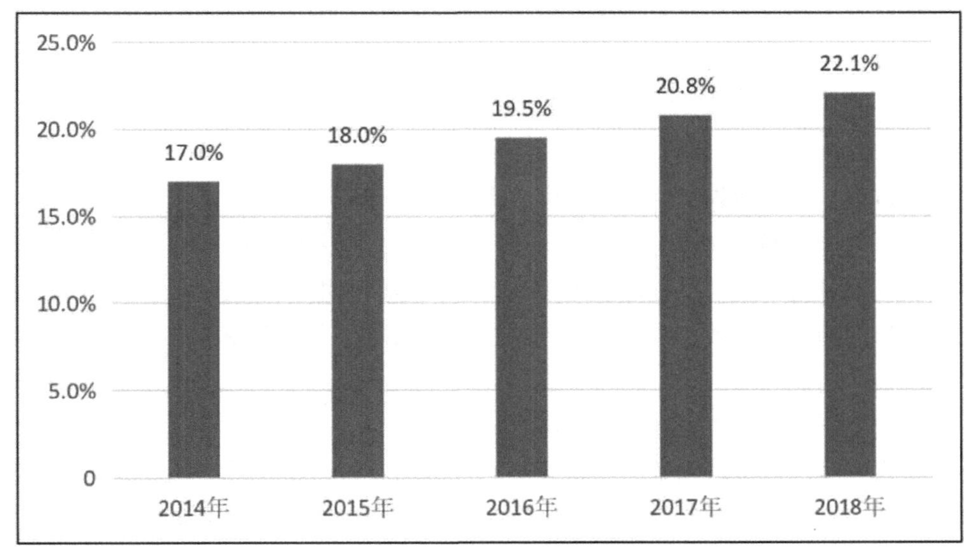

图 7–5　2014—2018 年清洁能源在总能源消费中的占比情况

2. 节能减排政策的趋严

随着我国经济的高速发展,粗放式的增长动能也带来了严重的环境污染问题,高耗能高污染行业曾经为经济增长立下了汗马功劳，但能源行业尤其是煤炭行业的平均能源利用率却较低，大气污染问题严重影响了人民健康，为此，国家提出了打赢蓝天保卫战行动，决心彻底解决能源行业排放超标问题。2019 年冬季，监管部门仍将制定更加严格的分行业、分等级、分区域限产减产环保措施，这势必增加煤炭企业的生产和运营成本，也对企业的经营风险管理优化提出了更高要求。

（四）科技环境因素

最后，技术环境因素也对 Y 煤炭公司的经营水平和盈利能力有着重要影响，对企业的经营风险管理优化也需考虑科技环境变化对企业经营和盈利的影响。现阶段我国煤炭企业的开采技术水平和设备管理水平已经取得了很大的进步，但并未达到领先水平。而且我国煤炭行业存在大量的中小型煤炭企业，尽管超大型煤炭企业的开采技术和设备管理水平已经是世界先进水平，但中小型煤矿在开采技术和产业设备管理技术上仍然有不小的差距，这给大量煤炭企业的生产经营带来了安全风险和生产成本的增加,也导致环境问题的加重以及煤炭资源的过度消耗。

综上所述，运用 PEST 模型分析影响 Y 煤炭公司经营风险的外部宏观环境影响因素，主要表现在宏观环境的变化对企业经营水平和持续稳定盈利能力的影响，其中最突出的宏观环境变化造成的经营风险因素表现在以下三个方面。

1. 经济下滑导致的能源消费低迷造成煤炭消费下降

尽管 2016 年起的供给侧结构性改革带来了煤炭行业的景气期，但进入 2019 年，由于国际贸易摩擦和内部经济结构转型导致宏观经济增速降低，基础能源消耗增速降低。

2. 可再生能源对煤炭的替代不可避免

可再生能源对煤炭资源的替代趋势不可逆转，原因是当前环境污染问题和气候变暖问题日益严重，已引起全球关注，许多国家和组织已经就气候变化问题采取了大量的措施去补救。未来清洁能源在全球总能源中的消耗占比扩大趋势不可阻挡。

3. 进口煤炭对国内煤炭市场的冲击

原因一是因为价格因素，进口煤炭的价格相对国内煤炭便宜；二是因为地域因素，沿海电厂作为煤炭消耗大户，直接进口煤炭比从内陆购买煤炭要更合理，根源在于我国煤炭业的运输成本一直较高。

这些外部宏观环境的变化造成的经营风险因素是客观存在的，有些是周期性的变化，有些是地缘政治带来的不稳定，有些是天灾，都是 Y 煤炭公司经营管理层无法改变的。企业现有的经营风险管理水平如不能适应宏观环境的变化，那么这些宏观环境风险因素会对企业经营水平和盈利能力造成非常不利的影响，Y 煤炭公司的经营风险管理优化必须要能适应外部宏观环境的变化。

三、行业环境分析

行业环境如同赛道，企业一旦踏上好赛道，企业的经营发展会获得事半功倍的效果，但行业的竞争又是企业不得不面对的问题，变化着的行业环境和竞争格局，对企业的经营水平和持续稳定的盈利能力提出了更大的考验，企业的经营风险管理优化必须考虑行业环境风险因素，也就是行业环境发生了哪些变化。本节首先简要分析煤炭行业的发展状况和周期特性，其次用波特五力模型分析行业竞争环境。

（一）行业发展状况

煤炭行业作为我国能源基础行业却已步入夕阳期，从 2012 起行业增长趋势出现拐点，国内煤炭价格大幅下跌，行业营收和利润逐年递减甚至大面积亏损，煤炭行业供需关系、库存、价格等方面的问题凸显。

如图 7–6 所示，2015 我国原煤产量 37.5 亿吨，煤炭预计需求量约 40 亿吨，但年末煤炭总产能达到 57 亿吨，供大于求导致呈现全行业亏损。2016 年，得益于能源行业的供给侧结构性改革，原煤供给量大幅降低，市场供给过剩的现象有所好转，煤炭价格有所回升。2017 年，随着去产能去库存政策的持续推进，煤炭行业供求平衡偏紧，煤价大幅回升，煤炭企业大幅盈利，当年全国原煤产量 35.2 亿吨，同比增长 3.3%，扭转了自 2013 年以来的下跌趋势。2018 年，全国煤炭市场继续维持微短缺的供需格局，煤价高位震荡，全年原煤产量 36.8 亿吨，同比增长 4.5%，但宏观经济和国际形势的外部压力导致煤炭消费需求出现一定程度的下滑，全年营业收入增速不足 7%。

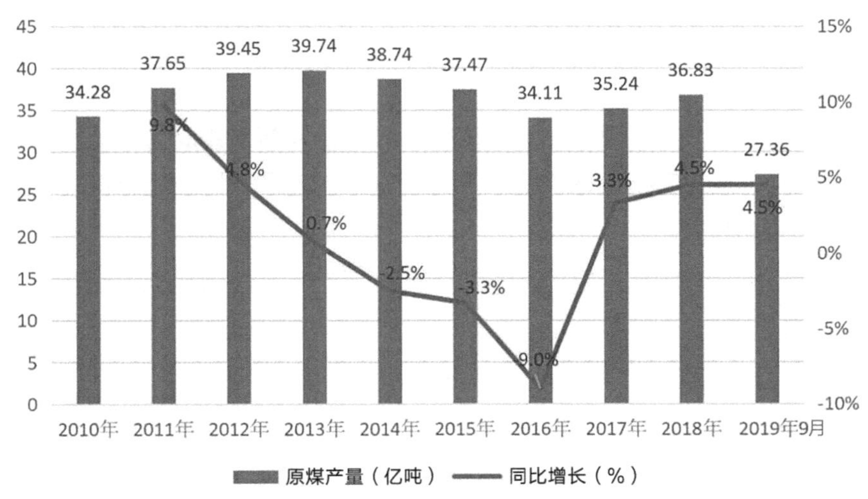

图 7–6　2010—2019 年全国原煤产量同比增速情况

2019 年一季度煤炭主要产区陕西发生矿难事件导致煤价持续上涨，但昙花一现后煤价逐月下降。政策改革短期改善了煤炭行业的供需关系，但从长期来看，煤炭消费需求才是根本因素，煤炭供需关系未能从根本上发生变化。而且随着煤炭行业限制供给引发的煤价高位震荡对下游产业带来了一定的负面影响，煤炭行业未来仍然面临严峻的挑战，这些风险因素对煤炭企业的经营水平和盈利能力提出了更高要求。现实情况是多数煤炭企业应对宏观需求下滑的能力不足，煤炭企业盈利能力不稳定成为行业的共性问题，外部环境的变化深刻影响着煤炭行业的经营风险管理水平和盈利能力。

（二）行业周期特性

周期性行业一般指大宗商品、船运等行业，其与国内或国际经济波动的相关性比较强，其中最明显的特征是产品价格呈周期性波动，2011 年，经济繁荣，煤炭消费需求旺盛，煤价高企、外部资本纷纷涌入煤炭市场投资或扩建煤炭生产；随着产能增长导致供给过剩，煤炭价格大幅下滑，直到 2015 年煤炭价格跌入低谷，同时煤炭消费量大幅下滑。行业的周期性严重影响煤炭企业的经营水平和盈利状况，煤炭企业只有提高自身的抗周期风险管理水平，才可能降低行业周期性对企业盈利的影响。

（三）行业竞争环境

1. 替代品的威胁

如图 7-7 所示，2014—2016 年，我国天然气和非化石能源的消费增速在 10% 左右，而原煤消费增速逐渐降低至 -2% 左右，清洁能源消费占比在不断提升，虽然煤炭依然是我国现阶段的支柱能源，但清洁能源对煤炭能源的替代已然大势所趋。

未来随着我国宏观经济发展结构转型，新能源和新基建成为推动经济转型发展的两大方向，生态环保要求和大气治理的进一步趋严，清洁能源将进一步抢占煤炭资源的市场份额。

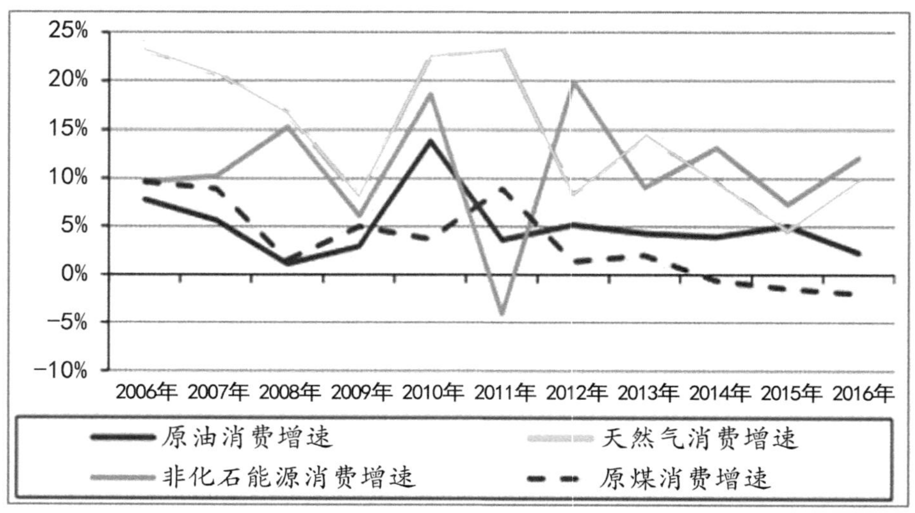

图 7-7　2006-2016 年各能源占总能源消费占比情况

2. 潜在进入者的威胁

总体来说，煤炭行业属于非垄断行业，但竞争性也不是特别强。潜在进入者包括三部分：一是私营类小型煤矿，二是各电力企业集团，三是各大型冶炼企业。但是受国家关停小煤矿、淘汰落后产能政策的限制，小煤矿发展有很大的瓶颈；各电力企业集团或大型冶炼企业进入煤炭行业的话，需要面对较高的煤矿勘探或煤矿购买成本，较高的固定资产投入，较长的建设周期等，而且短期内还要面对自采成本与较低的煤电长协价的比较。此外，煤炭企业的生产和煤炭消费具有很强的地域性，也限制了外来投资的本地进入。因此，煤炭行业的进入壁垒较高，大型煤炭企业有一定程度的护城河壁垒。

3. 购买者的议价能力

首先，煤炭作为我国基础能源，根据图 7–8 可知，煤炭行业的下游产业是电力、钢铁等国民经济基础行业，工业产值较高，在国民经济中的比重比较大，对煤炭的需求量很大，通常采用大批量集中采购，在相关的谈判或协议中购买方占据主要优势。

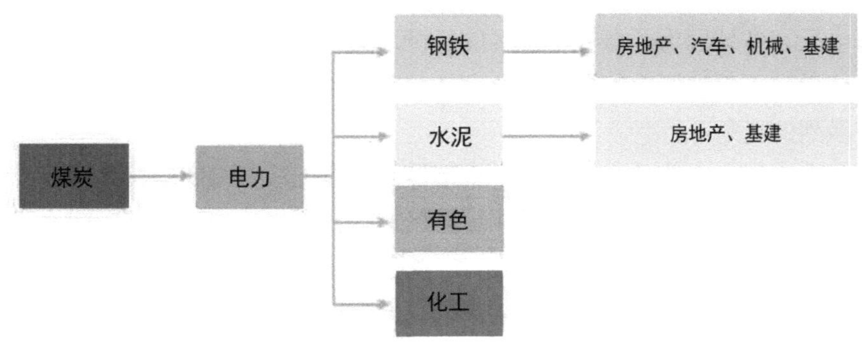

图 7–8　煤炭产业链示意图

其次，尽管煤炭有烟煤、无烟煤、褐煤等多个品种，而且全国各产地的煤质成分有一定差异，但煤炭产品本质上还是同质性产品。下游客户在购买煤炭时选择余地很大，而且以往受制约的地域因素在我国发达的工业运输网络下也不再有多大影响，煤炭企业竞争激烈，下游客户通常处于主导地位。

最后，为了解决煤炭市场价和电力计划价之间的冲突，国务院鼓励煤炭企业兼并重组，2017 年 8 月，中国神华和国电电力的合并打造了煤电全产业链的范本。煤电一体化成为政策方向，短期内对无法煤电联营的煤炭企业无疑雪上加霜，但长期来看，煤电一体化有利于提高煤炭企业持续稳定的获利能力。

总之，煤企下游客户在采购煤炭时具有较强的议价优势，且主导地位长期稳固。

4. 供货商的议价能力

煤炭企业作为资源生产型企业，其采购主要包括两方面：一是新建煤矿或扩建煤矿时固定资产的投入，包括大型机电设备、开采和钻探设备、运输车辆、矿井建设等，投资数额巨大，固定资产折旧周期长，可选择的矿山机电设备种类较多，且一般采用招标采购，煤炭企业具有议价优势；二是煤炭企业日常对矿山机电设备的维护和保养所需要的零部件和维修服务进行采购，通常采购量较大，也具备一定的议价优势。总之，煤炭企业在购买设备和原材料时，具有议价优势。

5. 同行业现有企业的竞争

从同业竞争的角度看，煤企竞争范围包括：

①与超大型煤企集团的竞争。大型煤企的盈利能力提升，研发投入加大，企业多元化和技术创新能力提高，这些大型煤炭企业集团或煤电集团在逐步抢占中小型煤炭企业的市场份额。

②区域煤炭企业之间的竞争。我国煤炭资源的分布极不均匀，主要煤炭产区在我国西北部的陕晋蒙地区、中部河南地区、东北部分地区，但我国煤炭的主要消费区域在东部沿海经济发达地区，煤耗量很大，大量的煤炭通过西煤东运输送到沿海电厂。各地区为了振兴本地区的经济，对本地区的煤炭企业会有一定的政策扶持，导致不仅地区内的煤炭企业存在相互竞争，与其他煤炭大省的企业之间也存在激烈的竞争。

③与小型煤炭企业的竞争。而中小型煤炭企业无法获得煤电长协价，或者为了追求高额利润，通常对价格的反应更为迅速，在煤炭消费不景气时期执行价格战也毫不含糊，这加剧了煤炭企业之间的竞争程度。

④来自国外煤炭企业的竞争。近年来，国家出台相关政策控制进口煤炭，但由于煤炭期货的存在，进口煤炭价格与煤炭期货价格的相关性很高，进口煤炭始终对国内煤炭价格有一定的影响力。

综上所述，根据煤炭行业发展状况、行业周期特性以及行业竞争环境的分析，这些行业环境变化因素对 Y 煤炭公司造成经营风险，具体表现如下：煤炭价格的强周期性造成煤炭企业利润不稳定，波动性很大；煤炭行业的下游买方客户具有议价优势，煤炭企业处于议价劣势；煤炭企业生产成本上升。直接原因有三点：一是煤炭生产安全环境复杂，煤炭企业需要持续投入大量的资金和设备去保障企业生产和人员安全；二是煤炭生产用的原材料、电力、设备等资源的价格受通胀的影响不断上升；三是节能减排费用提高，为了完成大气环境的节能减排目标，煤炭企业和相关的煤电、煤化工企业都需要投入大量预算新建或补建各类脱硫脱硝等节能减排设备和生产。

另外，煤炭行业面临来自清洁能源替代的巨大威胁和现有煤炭企业面临激烈竞争这两个因素也是需要关注的行业环境变化因素。

总之，这些行业环境的变化因素，对 Y 煤炭公司的经营水平和持续稳定的盈利能力造成了挑战，企业的经营风险管理优化必须考虑行业环境变化的风险因素，采取措施降低这些行业环境变化对企业造成的负面影响，并提高企业的经营风险管理水平和持续稳定的盈利能力。

（四）内部微观经营风险分析

内部经营风险因素来自企业内部经营环境，体现在企业生产经营流程的各个环节，体现在企业采购、生产、库存、销售、人事、售后这一完整的价值链活动中。

从管理层面，一般认为企业风险是由经营风险和财务风险组成，其中，与商品生产和销售直接相关的风险称为经营风险；与企业投资、融资决策相关的风险称为财务风险。但事实上，所有的经营风险因素都会影响企业的经营活动和管理决策，从而影响企业的业绩水平和盈利能力，最终体现为企业的融资、投资和营运三项经营活动带来的风险。本书主要从财务管理的视角来发现和解决存在的经营风险管理问题，因此本书将企业面临的内部经营风险因素分为融资风险、投资风险和营运风险三类，首先用常规视角简单分析煤炭企业可能面临的内部风险因素。

1. 融资风险

融资风险是指企业的融资活动给企业的正常经营带来的不确定性或者给企业的盈利带来不良后果的可能。

首先，融资风险的大小体现在企业债务融资的比例大小，企业的外债尤其是有息负债越多，企业要占用自由现金流去偿还利息和本金的风险就越高，企业的经营风险就越高。更严重的是，煤炭企业的现金流往往都很紧张，这更加剧了煤炭企业的融资风险。表 7-4 是随机选取的我国煤炭行业 10 家上市公司 2016—2018 年的资产负债率情况，可以看出多数公司的资产负债率比较高，且在近几年的煤炭景气周期中资产负债率并没有得到很好的改善，此外多数公司的债务中银行贷款的比例非常高。

表 7-4　煤炭行业前 10 大上市公司资产负债率

公司名称	2016 年（%）	同比增减	2017 年（%）	同比增减	2018 年（%）	同比增减
中国神华	33.54	—	33.94	1.2%	31.13	-8.3%
淮北矿业	35.88	—	23.65	-34.1%	65.58	177.3%
安源煤业	81.02	—	90.20	11.3%	88.68	-1.7%
平庄能源	23.05	—	21.88	-5.1%	20.10	-8.1%
大同煤业	61.71	—	57.60	-6.7%	61.01	5.9%
西山煤电	64.03	—	63.37	-1.0%	64.01	1.0%
中煤能源	57.37	—	58.18	1.4%	56.93	-2.1%
冀中能源	53.83	—	54.52	1.3%	52.82	-3.1%
兰花科创	60.92	—	57.36	-5.8%	54.42	-5.1%
兖州煤业	64.94	—	60.35	-7.1%	58.29	-3.4%

其次，负债比例过低并不意味着融资风险过小，反而意味着企业的流动资金过剩，企业的发展动力不足，也会带来企业的经营风险。此外，从抵御长期风险，企业持续经营的角度看，企业的融资活动要做到高效有序管理，融资的目标、融资结构、融资对象、融资成本、融资顺序等方面都要尽量完善和优化，从而整体

提高企业的融资风险管理水平。多数煤炭企业因为负债过高产生的融资风险，主要表现在两个方面：一是企业因为融资管理水平低下，造成融资结构不合理，经常出现短债长投的情况，造成企业的现金流紧张，企业往往采用借新还旧的方式不断推高了企业的负债总额，企业的财务杠杆不断增大，如果企业的流动比率过低会使企业更容易在经济下行或银行信贷规模萎缩时诱发融资风险；二是煤炭企业的管理机制存在诸多缺陷，在投融资决策中有很多混乱和浪费，造成资金的使用效率低下，加大了融资风险。

2. 投资风险

企业的投资活动包括对企业设备的更新改造，对新技术的投入，对新建项目扩大再生产的投资，参股或投资其他公司，直接参与二级市场的证券投资等。投资活动最需要关注的指标是投资回报率，影响投资回报率的最大因素是未来收益的不确定性风险。影响未来收益不确定性的因素可能包括经营杠杆率、企业的投资回报率以及企业多元化战略等。

（1）经营杠杆系数

经营杠杆存在的主要原因是财务上的固定成本的存在，导致短期内固定成本无法随着营业收入的变动而调整，出现利润变动率大于产销量变动率，从而增大了企业利润变动率的风险。当宏观环境较好，行业发展前景明朗，企业通过放大杠杆作用来提高企业盈利。反之，宏观环境变差时，经营杠杆系数较高的企业的经营风险也较高。

（2）投资回报率

投资回报率指企业通过现有资产从投资活动中获得回报的比率。企业的投资回报率有个重要的参考指标，就是企业的净资产收益率即 ROE。如果企业的投资回报率低于 ROE，说明企业存在一定的投资风险，表现为对外投资获取回报的能力还不如企业自身经营所获得的利益，因此应提高投资风险管理能力，完善多元化和系统化的投资体系，提高投资回报率。

（3）多元化战略投资

煤炭行业处于产业链的上游，受宏观经济影响比较大，行业周期性较强。很多企业为了规避行业周期波动，开始进行横向多元化或纵向多元化尝试，比如向产业链下游延伸的纵向多元化，从煤炭生产到煤炭深加工产业链，或者横向多元化，跨界多元化，向很多热门行业进行投资，比如新能源、房地产等。但这往往带来了更大的风险，具体表现在：一是投资管理不够完善，投资决策缺乏系统性论证，尤其是在很多跨行业投资中，企业管理层过于注重投资收益或是项目前景，忽略了对于项目投资风险的全面论证；二是管理成本增加，由于煤炭企业对于诸多投资项目的管理不善，导致投资项目进展缓慢，或是项目可行性不佳、产业落后、缺乏多元化人才等，导致增大了企业现在的管理成本，增大了企业的经营风险。

3. 营运风险

营运风险是指企业在购、产、销、运的生产流程及营运周期内，资金流转过程中存在的时间不确定性和可回收金额的不确定性。如果企业销售资金不能及时回收，企业就可能因为流动资金不足而耽误企业的日常生产和债务偿还。通常企业的营运风险表现在应收账款坏账风险和存货减值风险。

首先在应收账款回收方面，当前煤炭企业的下游客户多是大型电厂和钢铁集团，煤炭企业的议价能力较弱，在煤炭销售中处于弱势地位，为了提高销售业绩，很多煤炭企业在销售中采取赊销策略导致应收账款大量增加。而传统煤炭企业的应收账款管理效率偏低，进一步增大了应收账款坏账的可能性。

其次在存货减值方面，很多煤炭企业在煤价高企，需求旺盛时，大量投产新矿井或新煤矿，造成了库存积压；此外，很多中小煤炭企业在应对下游电力企业的错峰需求时管理不善，也会造成大量煤炭存货积压。

综上，通过对 Y 煤炭公司内外部环境的分析，我们分别识别出外部宏观环境变化风险因素和行业环境变化风险因素，以及内部的融资风险、投资风险和营运风险。本书在识别上述内外部经营风险因素的基础上，对公司经营风险管理活动的现状和存在的问题进行分析，从而实现针对性的经营风险管理优化。Y 煤炭公司经营风险识别汇总情况见表 7–5。

表 7–5　Y 煤炭公司经营风险识别汇总

风险类别		风险因素	潜在损失
外部	宏观风险	经济下滑造成消费需求降低	煤炭销售下滑，企业亏损
		清洁能源对煤炭的替代	煤炭销售下滑，企业亏损
		进口煤炭挤占份额	国内煤炭企业销售下滑
	行业风险	煤炭行业的强周期性	企业盈利波动性大，行业低谷时亏损
		煤企下游客户议价能力强	煤企在行业高峰时利润水平低
		煤企生产成本上升	盈利能力下滑甚至亏损

续表

风险类别		风险因素	潜在损失
内部	融资风险	负债率过高	债务压力大，影响企业现金流
		负债率过低	流动资金过剩，利用率低
		融资管理效率	资金使用效率差或不当
	投资风险	经营杠杆率	在经济下滑时利润下滑风险更大
		投资回报率	影响企业盈利和经营水平
		多元化战略不佳	增大了管理成本，资金使用效率差
	营运风险	应收账款回收风险	流动性风险，影响企业现金流
		存货减值风险	存货占用流动资金过大

第三节　Y煤炭公司经营风险管理现状、问题及原因

前文对煤炭企业经营环境中的外部和内部经营风险因素进行了识别。在识别客观风险的基础上，探究Y煤炭公司的经营风险管理现状和效果，发现其经营风险管理中存在的问题。而发现企业经营风险管理问题，主要有两个方法：一是通过对公司的生产流程或业务流程进行梳理，归纳企业内部的各项经营风险点，最终发现各个经营风险控制点的管理疏漏；二是通过对公司财务报表的分析，从财务报表中归纳总结企业内部的各项经营风险问题，因为企业的经营风险管理问题最终都会表现在企业的实际经营业绩和财务报表中。

本书以过去5年的财务报表为基础，试图通过对Y煤炭公司的经营风险管理现状分析，探讨分析Y煤炭公司经营风险管理存在的问题。本节分别分析了Y煤炭公司的经营风险的管理机制现状，内部经营风险管理现状和外部环境风险管理现状，总结得出该公司经营风险管理中存在的问题，最后探究了存在这些问题的原因。其中，总体的经营风险管理问题主要表现在管理机制不完善、资本结构不合理、投资项目不恰当、营运管理不善、宏观环境变化应对不力以及行业环境变化管理不善等六个方面。

一、Y 煤炭公司经营风险的管理机制现状及问题

（一）经营风险管理的组织机构不健全

Y 煤炭公司日常运营由股东会选出的董事会、党委会、监事会负责。总经理以下，公司设有 10 个职能管理部门负责日常经营管理，其中设有专业管理部门即煤炭、热电和化工管理部负责三大业务领域的生产运营维护。公司成立党委会，纪检监察部、纪委、工会和团委在党委会领导下开展工作，关于经营风险管理的业务主要由审计法务部和财务资产部兼职负责，图 7–10 为 Y 煤炭公司现行组织结构图。

Y 煤炭公司的治理结构看上去基本完善，但显然缺少专门的经营风险管理的部门设置。Y 煤炭公司的部门设置主要分为两大类：一类是业务部门——包括煤炭、热电、化工及物资四大主要业务发展部门；另一类是行政管理部门——包括规划发展部、计划经营部、人力资源部等，其中关于经营风险管理的业务主要由审计法务部和财务资产部兼职负责，并没有设置专门的经营风险管理机构和人员，也没有完善的管理流程或机制，这会导致其经营风险管理工作难以展开。另外，Y 煤炭公司审计法务部目前仅有法务 2 名，内审 1 名，绩效评估 1 名，领导 1 名，合计 5 人，虽然基本满足了 Y 煤炭公司日常监察稽核工作的要求，但相对于公司的规模而言人员偏少，且缺乏专门的风险管理人员，公司的经营风险管理工作存在严重隐患。经营风险管理工作如果没有专门的部门或机构来负责，是不规范的，实践工作中很容易出现“瞎子摸象”的窘境。Y 煤炭公司必须在基础架构层面加强企业的经营风险管理工作（见图 7–9）。

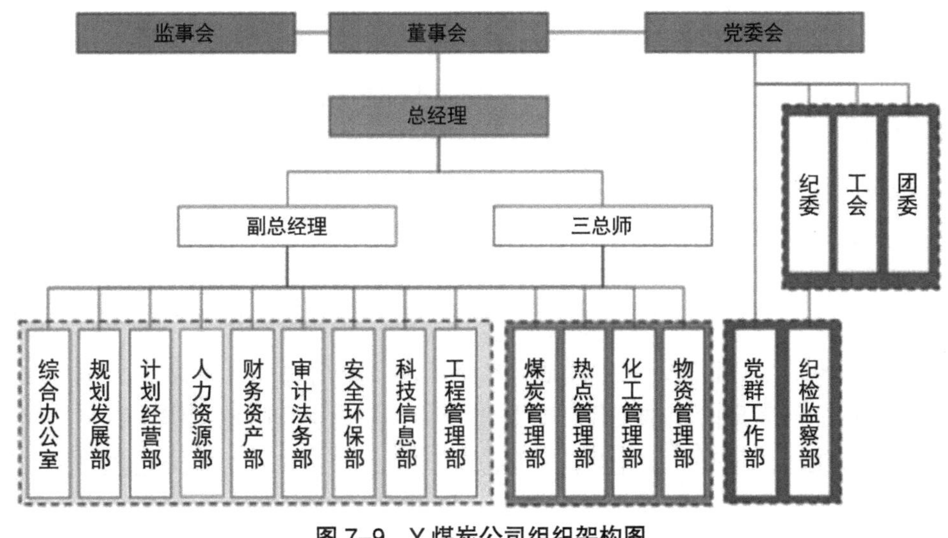

图 7–9　Y 煤炭公司组织架构图

（二）经营风险管理制度缺失

Y 煤炭公司的现行经营风险管理制度体系基本缺失，所以除了公司的基本管理制度外，并无独立专门的经营风险管理制度和配套的相关制度体系。具体表现在下列三个方面。

首先，Y 煤炭公司的基本管理制度对公司经营风险管理也有一定的指导作用，除此之外其在安全生产风险管理方面有一整套规范的应急预案和操作流程，但公司并未制定专门的经营风险管理制度风险管理流程，且缺乏经营风险管理的岗位设置和职责划分，缺乏具体的实施细则，使得实际工作难以细化执行，沦为泛泛而行。

其次，Y 煤炭公司缺少相应的经营风险管理激励制度，包括经营风险管理绩效考核、评估、反馈和薪酬激励制度等，公司员工和管理层在实施经营风险管理优化措施时，也会因为没有激励制度的激励和约束导致经营风险管理混乱无序。例如，Y 煤炭公司的《薪酬管理办法》中，第四条为“集团公司旨在建立工资总额和经济效益挂钩，企业负责人薪酬和经营业绩挂钩，员工工资和工作业绩挂钩的收入分配制度”。第六条为“集团公司人力资源部是薪酬制度建设和薪酬管理工作的业务主办部门”。该公司的薪酬激励制度没有经营风险管理的相关内容。

最后，Y 煤炭公司虽然有针对安全生产的《安全奖惩制度》，但偏重安全生产管理工作，缺乏完善的经营风险事故的问责制度，导致企业对管理层和员工经营风险管理执行不到位的行为无法实施问责，公司管理层和员工对公司的经营风险管理工作认知越来越差，经营风险责任心越来越低，公司的经营风险管理工作推进速度缓慢，这将阻碍企业整体经营质量的提升。

（三）经营风险管理流程不完善

Y 煤炭公司缺乏专业的经营风险管理部门和团队，只是由公司的审计法务部和财务资产部兼职负责经营风险管理。通常企业的经营风险管理流程包括风险识别、风险评价和风险控制三个方面。

首先，经营风险识别是指人们运用各种科学系统的方法，在风险事故发生之前，判断和识别企业面临的各种环境的变化、潜在的不利局面及可能的风险，并分析各种风险事故发生的潜在原因。

目前 Y 煤炭公司并没有建立规范的经营风险识别规范或者操作指南，也没有开展专门的经营风险识别工作，只是将经营风险识别和防范工作体现在企业的日常经营决策中。但是在安全生产风险防范方面，Y 煤炭公司坚持完善安全生产体制机制，打造系统、规范的安全管理体系，按照监督、检查、指导、服务的宗旨，以保障员工生命安全为落脚点，以防止伤亡事故和减少职业危害为着力点，严格落实安全生产责任，建立完善的环境保护管理体系，实行党政干部“一岗双责”制度，努力做好安全管理与生产经营同安排、同部署、同落实工作，建立健全安全生产和环保的长效机制。

显然，在风险识别方面，Y 煤炭公司对经营风险识别的重要性认识不足，识别有效性低或者缺少识别过程，而且没有全面关注外部环境变化和内部风险影响因素。比如在融资风险方面，Y 煤炭公司存在一定的融资依赖问题，没有意识到煤炭市场的下行趋势，仍然以高利率接入银行资金，进行新项目的推进和建设。

其次，经营风险评价判断和分析经营风险因素的发生可能性及影响的范围和程度。通常经营风险评价有定性和定量两种方法。目前，Y 煤炭公司主要采用定性评价的办法，由公司的管理部门根据一些宏观经济指标和财务指标对经营风险情况进行简单判断，指标主要包括收入增长率、资产负债率、流动比率、利润率以及一些宏观经济指标如 GDP 增长率，国资委要求的资产保值增值率等。换言之，在风险评价方面，缺乏经营风险管理领域的较专业全面的风险评价指标。如在融资风险评价方面，该公司的经营风险管理人员所选择的融资风险评价指标只有资产负债率、流动比率和长期负债比率等，缺乏更为专业的量化指标和行业对比。

最后，在经营风险识别和评价的基础上，Y 煤炭公司并没有专门的经营风险管控措施去应对可能存在的经营风险影响因素。当然，面对企业经营中的外部环境变化和内部风险因素，Y 煤炭公司的管理者们依靠常规的企业经营决策，对其所面临的经营风险因素有一定程度的管控，但并没有具体成文的经营风险管控措施。比如在融资风险控制措施中采取的加快煤炭销售回款和 IPO 计划，目的是提高公司的经营水平和业绩表现，公司并未制定针对特定经营风险的控制措施，在应对行业环境变化风险时的控制策略是拓展多元化和新能源领域，但目前规划过于宽泛，缺乏统一思路。

因此，在风险控制方面，Y 煤炭公司风险控制措施薄弱。经营风险控制是经营风险管理的关键环节，企业只有通过较为系统的风险控制措施，对经营风险进行严格控制和优化，才能降低或防御经营风险对企业带来的冲击。

二、Y 煤炭公司内部经营风险管理现状及问题

本书根据 Y 煤炭公司 2014—2018 年间连续五年的财务报表为研究信息，用财务分析的方法分析公司内部经营环境中的融资风险、投资风险和营运风险管理现状，从而发现各项经营风险管理方面存在的问题。

（一）资本结构不合理

本书主要通过对 Y 煤炭公司短期偿债能力和长期偿债能力的横向和纵向分析，来判断和识别 Y 煤炭公司融资风险的大小或在融资风险管理方面的问题。

1. 短期偿债能力分析

短期偿债能力指企业的流动资本能不能及时偿付企业的流动负债。本书采取横向对比法将 Y 煤炭公司的流动比率和速动比率与行业平均值（本书选用煤炭行业 27 家上市公司的年报相关数据取平均值作为行业平均值）进行了比较。

表 7–6　Y 煤炭公司 2014—2018 年短期偿债能力指标统计值

会计年度	流动比率		速动比率	
	Y 煤炭公司值	行业均值	Y 煤炭公司值	行业均值
2014 年	2.72	1.42	2.48	0.99
2015 年	2.32	1.10	2.15	1.16
2016 年	1.91	0.99	1.63	0.92
2017 年	4.17	1.48	4.14	1.33
2018 年	3.89	1.59	3.84	1.21

由表 7–6 可知，除了 2016 年的值略低之外，Y 煤炭公司 2014—2018 年的流动比率和速动比率的值都大于 2，是行业平均流动比率值的 2 倍，说明企业的流动资产足够偿还流动负债，企业的短期偿债能力很优秀。反过来则说明企业的流动资产剩余过多，流动资产的利用率比较低，某种意义上来说对企业来说是一种机会成本的浪费。流动比率和速动比率 2016 年的数值都相对偏低，说明 2016 年企业的经营状况欠佳，这与 2016 年是我国煤炭产业最艰难的一年相呼应。此外，2016 年的流动比率 1.91 与速动比率 1.63 的差值比其他年份大，2016 年存货增多也说明了当年煤炭行业面临的经营风险困境。

2. 长期偿债能力分析

表 7–7　Y 煤炭公司 2014–2018 年长期偿债能力指标统计值

会计年度	资产负债率		权益乘数		产权比率		利息保障倍数	
	Y 煤炭公司值	行业均值	Y 煤炭公司值	行业均值	Y 煤炭公司值	行业均值	Y 煤炭公司值	行业均值
2014 年	0.24	0.72	1.31	4.21	0.31	3.42	43.1	4.79
2015 年	0.18	0.82	1.22	5.08	0.22	3.27	18.2	3.23
2016 年	0.25	0.85	1.33	5.03	0.33	3.34	19.2	3.01
2017 年	0.12	0.75	1.14	4.22	0.14	3.12	80.3	2.66
2018 年	0.15	0.73	1.18	4.31	0.18	3.10	76.2	2.75

评估企业融资风险大小，对于银行和长期债权人而言，资产负债率、利息保

障倍数等指标更有参考价值和研究意义。

根据表 7–7 可知，首先，Y 煤炭公司 2014—2018 年的资产负债率在 25% 以下，属于非常低的资产负债率水平，远远低于行业平均值 80% 左右的资产负债率水平，说明 Y 煤炭公司的长期偿债能力非常优秀。2016 年不论是 Y 公司还是煤炭行业的资产负债率水平都高于其他年份，说明 2016 年是煤炭行业负债率最高的年份之一，行业内煤炭企业都面临程度不等的负债压力。其次，2014—2018 年，Y 煤炭公司的权益乘数在 1.1—1.3 之间，表明企业的总资产里大部分比例都是所有者权益，企业的资产状况很好，企业的负债较低，长期偿债能力水平很强。再次，根据 Y 煤炭公司 2014—2018 年产权比率的数值不超 35%，远低于通常企业 120% 左右的产权比率，说明企业的负债远小于权益，企业的长期偿债能力很优秀。最后，Y 煤炭公司的利息保障倍数都在 18 倍以上，一直远高于行业平均水平 4 倍左右，说明相比行业整体该公司的长期偿债能力水平非常优秀，但 2015 年和 2016 年两年的利息保障倍数大幅低于其他年份，也印证了煤炭行业的周期性业绩波动。

综上所述，尽管 Y 煤炭公司的融资风险管理看似突出，但是深入分析，其仍然存在下列融资风险管理问题，主要是资本结构的比例问题，表现在以下三个方面。闲置资金过大。Y 煤炭公司 2014—2018 年的流动比率和速动比率都超过 2，说明企业的流动资产远大于流动负债，流动资产利用率有待提高。债权比例过低。通常较好的资本结构是 5∶5 或 6∶4 之间，Y 煤炭公司的资产负债率很低，股权资本比例较高，企业的资本结构有些不合理，债务资本占比过低，间接说明了企业的投融资能力一般，长期看会限制企业的扩大再生产。融资方式单一。Y 煤炭公司当前的融资方式只有少量银行贷款，对其他的融资方式仍然在观望中，尽管企业当前的负债率水平很低。长期来看，选择单一的融资方式或渠道不利于企业降低融资风险和提高经营效率。

（二）投资项目不恰当

本书从经营杠杆率、企业经营业绩的稳定性和成长性、投资收益率三个角度来分析企业投资风险管理的问题。

1. 经营杠杆较高

表 7–8 列出了 Y 煤炭公司 2014—2018 年的经营杠杆系数在 1.3—1.5 之间，整体变化幅度不大，数值保持稳定且为正值，说明该公司的 EBIT 保持盈利水平，未出现大幅亏损现象。但行业 5 年的经营杠杆系数在 1.22 左右，该公司 2014–2018 年的经营杠杆系数都大于行业 5 年均值，说明该公司 2014—2018 年的投资规模都在扩大，整体的投资风险在增加。好现象是经营杠杆系数自 2016 年达到

2014—2018 年峰值后，虽然数值仍然高于行业均值，但已经有明显的下降，表明了公司已经注意到了降低经营杠杆系数，降低投资风险。

表 7–8　Y 煤炭公司 2014—2018 年经营杠杆系数指标统计值

会计年度	经营杠杆系数	
	Y 煤炭公司值	行业均值
2014 年	1.46	1.21
2015 年	1.45	1.24
2016 年	1.52	1.22
2017 年	1.32	1.18
2018 年	1.38	1.24

2. 经营业绩波动性大

总资产收益率（ROA）反映企业全部资产获取利润的能力。很多行业的长期 ROA 值在较长一段时期内保持稳定的水平。表 7–9 为近年来主要业绩指标情况。

表 7–9　Y 煤炭公司 2014—2018 年投资风险指标统计值

会计年度	总资产收益率		净资产收益率		营业利润率	
	Y 煤炭公司值	行业均值	Y 煤炭公司值	行业均值	Y 煤炭公司值	行业均值
2014 年	0.18	0.04	0.23	0.10	0.26	0.07
2015 年	0.09	0.03	0.11	0.08	0.18	0.06
2016 年	0.08	0.03	0.11	0.07	0.16	0.06
2017 年	0.30	0.07	0.35	0.12	0.43	0.09
2018 年	0.19	0.06	0.22	0.11	0.22	0.09

根据表 7–9 可知，Y 煤炭公司的 ROA 在 0.08—0.3 之间，尽管波动幅度较大，但却一直高于行业 ROA 均值，说明其总资产经营质量较强，获利能力不错，但在 2015 年和 2016 年 Y 煤炭公司的 ROA 也跌到了谷底，说明其同样难以抵抗煤炭行业的价格低谷对经营业绩的冲击。

此外，Y 煤炭公司 2014—2018 年的 ROE 在 11%—35% 之间，而煤炭行业 2014—2018 年的 ROE 为 7%–12%，显然 Y 煤炭公司的股东权益报酬率较高，企业盈利能力较强。但更突出的特征是该公司 2015 年和 2016 年两年的 ROE 只有 11%，远远低于其他年份，且与行业均值差距不大，一方面说明了该公司的盈利波动性大，另一方面说明企业在煤炭行业最不景气的两年，投资风险较高，导致盈利能力大幅下滑。

从营业利润率来看，Y 煤炭公司近几年的数据较为突出，远远超过行业均值，其差值对比 ROE 与行业均值的差值，该公司营业利润率与行业均值的差距更大，说明公司营业利润率稳定，销货成本较低，但在费用控制或营业外收支控制方面的能力还有待提高。

纵向对比更容易说明企业的盈利波动性，即用年化增长率来衡量企业的资产或利润增长水平。表 7–10 为 Y 煤炭公司近五年投资风险增长率指标统计值。

表 7–10　Y 煤炭公司 2014—2018 年投资风险指标统计值

会计年度	总资产增长率		净利润增长率	
	Y 煤炭公司值	行业均值	Y 煤炭公司值	行业均值
2014 年	11%	19%	11%	7%
2015 年	7%	16%	–45%	–8%
2016 年	12%	12%	1%	–6%
2017 年	32%	25%	385%	156%
2018 年	21%	16%	–27%	–12%

分析可知，近年来其总资产一直在增长，但 2014—2016 年的资产增长水平低于行业均值，2017—2018 年的资产增长水平超过行业平均水平，说明公司近两年加大了投资。但净利润的波动性方面，Y 煤炭公司的净利润波动性超过行业平均水平，体现了净利润暴涨大跌的特性，尤其是 2015 年和 2018 年净利润下跌幅度较大，而 2017 年净利润暴涨 3 倍以上。净利润的大幅度增长和下跌说明企业的盈利稳定性和持续性差，间接说明企业的投资风险在增加，企业尤其要注意如何提高持续稳定的获利能力。

3. 投资回报率一般

从表 7–11 可知，Y 煤炭公司的年度净利润变动差额与投资收益变动差额除了 2016 年外基本一致，表明净利润的变动主要是由于投资收益的变动引起的。年报显示，投资收益主要是对联营企业和合营企业的投资收益，而主要的联营企业也是煤炭开采企业。该公司不稳定的投资收益体现了其投资回报率水平欠佳，而投资收益的不稳定导致净利润的波动性较大，企业存在一定的投资风险。

表 7–11　Y 煤炭公司 2014—2018 年投资回报统计值

会计年度	2014 年	2015 年	2016 年	2017 年	2018 年
总资产	5634062431	6028288955	6731204759	8854390248	10698006116
净利润	997881210	549762652	555627433	2696859702	1980095532
投资收益	1011226333	690374560	347915958	2578442666	1920223772
净利润差额	—	–320851773	–342458602	2230526708	–658218894
投资收益差额	—	–448118558	5864781	2141232269	–716764170
投资回报率	—	0.12	0.06	0.38	0.22

（三）营运管理不善

Y 公司的日常营运风险管理问题主要体现在存货周转率不稳定和应收账款周转率低两个方面。

1. 存货周转率不稳定

表 7–12 Y 煤炭公司 2014—2018 年存货周转率统计值

会计年度	存货周转率	
	Y 煤炭公司值	行业均值
2014 年	—	5.76
2015 年	14.56	2.18
2016 年	9.70	2.15
2017 年	24.07	6.65
2018 年	101.09	4.23

根据表 7–12 可知，Y 煤炭公司 2014—2018 年的存货周转率都在 10 以上，远大于行业平均值，说明企业存货变现能力很强。其中 2018 年的存货周转率高达 100，是因为 2018 年的存货很少，企业的销售能力很强，基本做到了产销平衡。2016 年的存货周转率是 9.7，是 2014—2018 年的最低值，原因是 2016 年煤炭行业处于最低谷，企业经营也遇到一定困难，说明企业的经营风险也在加大，一旦再遇到煤炭价格大幅降低的情况，公司应该及早做好存货变现的准备。另外，最近两年的存货周转率很大，说明存货周转得快，这两年产销两旺，但是缺货也会影响销售和市场占有率。

2. 应收账款周转率低

表 7–13 Y 煤炭公司 2014—2018 年资金占用评价指标统计值

会计年度	总资产周转率		流动资产周转率		应收账款利润率	
	Y 煤炭公司值	行业均值	Y 煤炭公司值	行业均值	Y 煤炭公司值	行业均值
2014 年	0..56	0.53	1.31	0.75	5.08	5.89
2015 年	0.53	0.49	1.16	0.68	3.99	4.66
2016 年	0.55	0.48	1.22	0.65	4.51	4.55
2017 年	0.81	0.77	1.63	1.01	8.93	9.21
2018 年	0.64	0.62	1.15	0.88	5.10	6.89

应收账款周转率体现的是企业回收账款的水平，除此之外，本书用总资产周转率和流动资产周转率进行比较。根据表 7–13，2014—2018 年 Y 煤炭公司的总资产周转率在 0.6 之间，和行业平均值比较接近；流动资产周转率的值在 1.1—1.7

之间，超过行业平均值，这说明该公司流动资产的运营效率很高；应收账款周转率过去几年的值虽然和行业平均值比较接近，但每一年的值都低于当年的行业均值，说明公司应收账款的回收速度有待提高，对企业的流动性有一定的影响。

三、Y 煤炭公司外部环境风险管理现状及问题

宏观环境变化和行业环境变化从某种意义上说不是问题，因为宏观风险和行业风险是无法规避的，甚至多数是无法预防的，当然也不是企业的经营风险管理问题。宏观环境变化和行业环境变化只是影响经营风险和盈利状况，而这是公司经营风险管理需要考虑的因素。对于外部环境变化，企业只能进行正确的识别，并采取一定的措施进行预防，本质上还是用企业的经营战略或决策去减缓外部环境变化带来的影响和威胁，提高企业的经营水平和盈利能力。

（一）宏观环境变化应对不力

前文分析了影响 Y 煤炭公司经营风险的外部宏观环境风险因素，主要表现为宏观环境的变化对企业造成的经营风险因素：一是经济下滑导致的能源消费低迷造成煤炭消费下降，二是可再生能源对煤炭的替代不可避免，三是进口煤炭对国内煤炭市场的冲击。这三个方面的宏观环境变化风险因素对企业造成的直接威胁就是煤炭消费需求的下滑，企业煤炭产品销售不畅，企业经营利润下滑甚至亏损。企业应对宏观需求下滑风险的管理举措一般而言就是多元化尝试，增加新的收入增长点。从主要经营数据来看，Y 煤炭公司注重产业协同发展，资产规模均保持了稳定增长态势，但净利润的波动性比较大，2014—2018 年的净利润分别是 9.97 亿元、5.5 亿元、5.56 亿元、27 亿元、19.8 亿元，波动性比较大。

从主要生产情况来看，Y 煤炭公司的主要业务包括煤炭产销和运输、电力生产和供应、供热等煤电相关领域。如表 7–14 所示，2016—2018 年，Y 煤炭公司原煤生产比较稳定，原煤销售稳步提升，铁路煤炭发运量稳中有升，铁路利用率逐步提高。

表 7–14 2016—2018 年主要产品（业务）量

序号	产品 / 业务类别		单位	数量		
				2016 年	2017 年	2018 年
1	原煤	原煤生产	万吨	2278.84	2220.77	2220.91
		原煤销售	万吨	2746.02	2919.14	2977.13
2	热电	发电量	亿千瓦时	18	14.92	33.07
		售电量	亿千瓦时	15.43	12.74	29.78
		供热面积	万 m^2	1400	1400	1400
3	运输	发运量	万吨	1026.13	1082.70	1078.38

从Y煤炭公司的经营战略来看，其在巩固煤炭主业的基础上不断拓展思路，积极发展煤炭下游及相关联产业，规划了多个多产业联合一体化项目，比如煤电热一体化、煤盐气一体化等煤转化项目，使得产业结构得到一定的优化调整。但截至2018年底，公司的主要产能仍然是以煤炭和热电为主，其他项目比如在建的50万吨/煤焦油深加工多联产项目等，都在建设期。从长期来看，“煤炭生产—运输—能源转化”一体化经营模式初步构建，有利于降低企业经营风险，增加新的利润增长点。

总体来看，公司目前应对宏观环境变化风险的管理措施仍然不力，具体表现在以下方面。

1. 作为公司主业和基础的煤炭产业产能规模尚不足。2018年公司煤炭产能2000万吨，从2014年至今仅增加400万吨左右，作为区域内政府重点扶持的以煤炭为主的能源企业，产能规模较小，与国家建立大型煤炭生产基地的要求尚有较大差距。

2. 煤炭多元化经营体系尚未形成。在产业结构上，2018年煤炭业务收入占总营业收入的85%以上，传统的煤炭开采、发电供热占主导地位，煤盐化工及新型能源产业刚刚起步，没有形成完善的循环经济产业链。

3. 应对进口煤炭的冲击方面。尽管公司地处西北内陆，面对进口煤炭的冲击影响较小，但公司的大客户集中在东南沿海，公司也应成立煤炭进出口公司，对冲进口煤炭的冲击影响。

（二）行业环境变化管理不善

前文得出影响Y煤炭公司经营风险管理的行业环境变化因素主要包括三个方面，这些行业环境变化因素对Y煤炭公司造成经营风险，具体表现如下：一是煤炭价格的强周期性造成煤炭企业利润不稳定，波动性很大；二是煤炭行业的下游买方客户具有议价优势，煤炭企业处于议价劣势；三是煤炭企业生产成本上升。

表7-15　Y煤炭公司与国内主要企业对标情况表

企业名称	中国神华		陕西煤化		Y煤炭公司	
年度	2014年	2018年	2014年	2018年	2014年	2018年
全国行业排名情况	1	1	12	3	96	62
资产总额（亿元）	5326	17826	4020	5010	56	107
销售收入（亿元）	2483.6	5423	1766	2806	39	62
利润总额（亿元）	592.3	735	9.96	135	10	20
所有者权益（亿元）	2917.9	6992	815.48	1356	43	91

续表

企业名称	中国神华		陕西煤化		Y 煤炭公司	
年度	2014 年	2018 年	2014 年	2018 年	2014 年	2018 年
职工数（人）	92738	338475	136000	–	1890	2567
净资产收益率	12.61%	7.40%	0.06%	7.47%	14.24%	20.10%
研发投入占比	0.43%	1.34%	4.39%	–	0.01%	4.46%
总体毛利率	34.28%	–	12.49%	19.54%	15.80%	32.85%
煤炭毛利率。	18.00%	–	32.23%	62.49%	–	52.70%
煤炭产量（亿吨）	3.07	5.1	1.27	1.4	0.18	0.22
煤炭业务收入占比	77%	–	26%	29%	77.15%	85.27%

从表 7–15 可以看出，尽管 Y 煤炭公司在规模上与对标企业无法相比，但在净资产收益率、总体毛利率、煤炭毛利率等指标方面具有优势，表明公司在成本控制方面具有突出的优势。从发展的眼光来看，作为 Y 煤炭公司唯一主业的煤炭产业产能增长较为缓慢，与国家打造亿吨级和 5000 万吨级大型煤炭企业尚有较大差距；而且与对标企业相比，Y 煤炭公司煤炭业务营业收入占总营业收入比例较高，表明 Y 煤炭公司在煤炭能源转化利用上发展较为缓慢，缺乏多元化业务的周期性互补，在行业发生波动时的抗风险能力较弱。

其次，在应对煤炭企业的议价劣势方面，公司的自有煤电一体化规模较小。公司现有运行的热电发电机组，陕西 ×× 发电有限公司、Y 市经济开发区汇通热电有限公司热电机组分别为 27 万千瓦、10 万千瓦，装机容量较小，有被依法依规淘汰关停的风险，公司需加大大型机组建设力度，改造现有机组，逐步取代小规模火电机组。

最后，在生产成本控制方面，公司相比同行业其他公司具有优势。但未来随着环保政策的进一步严格，公司要在成本控制方面更加努力，就需提高科技投入。但公司目前科技创新能力不足，虽然近年来通过生产技术改造取得了一定的技术成果，但这些成果仅限于煤炭产业，其他产业创新成果仍然空白。而且公司研发投入与大型煤炭集团相比，无论是总量上还是投入比例上都存在较大的差距。

综上所述，根据前述 Y 煤炭公司经营风险管理的机制现状、外部经营风险管理现状和内部经营风险管理现状的分析，归纳得出 Y 煤炭公司经营风险管理存在的问题表现在六个方面，见表 7–16。

表 7–16 Y 煤炭公司经营风险管理存在问题汇总

问题类别		问题所在
内部	经营风险管理机制不完善	组织结构不健全
		经营风险管理制度缺失
		经营管理流程不完善
	资本结构不合理	闲置资金过多
		债权比例过低
		融资方式单一
	投资项目不恰当	经营杠杆较高
		经营业绩波动性很大
		投资回报率一般
	营运管理不善	存货周转率不稳定
		应收账款周转率低
外部	宏观环境变化应对不力	主业强而不大
		煤炭多元化经营体系不完善
		无应对进口煤炭冲击措施
	行业环境变化管理不善	多元化进展缓慢
		对下游客户议价能力弱
		成本管理能力不强

其中，根据公司经营风险管理机制现状分析，总结企业经营风险管理机制不完善的问题；根据 Y 煤炭公司外部宏观环境和行业环境变化风险的管理现状，得出宏观环境变化管理不善和行业环境变化管理不善的问题；根据 Y 煤炭公司 2014—2018 年间连续五年的财务报表为研究信息，得出公司内部经营环境中资本结构不合理、投资项目不恰当和营运管理不善三方面的问题。

针对经营风险管理中存在的问题，分析其背后的原因，从而制订管理优化方案，势在必行。

四、Y 煤炭公司经营风险管理存在问题的原因分析

（一）经营风险管理机制不完善的原因分析

国有能源企业在市场经济竞争中总是有很多包袱和问题，造成 Y 煤炭公司经营风险管理机制不完善的原因与其地方国有能源企业的身份有关，具体原因可

以从以下几个方面来解释。

1. 公司治理结构不完善。Y 煤炭公司缺乏专门的经营风险管理机构，根源在于治理结构的不完善导致管理层对待经营风险管理工作的动能不强。在 Y 煤炭公司的董事会中，Y 能源集团是最大的出资者，出资比例是 50%，而 Y 能源集团又归属于市国资委 100% 控股的，但母公司 Y 能源集团没有设立股东大会，而是由 Y 市国资委授权 Y 能源集团董事会行使股东大会的部分职权。这里有几点要注意：一是 Y 煤炭公司很多经营决策既要受母公司 Y 能源集团制约，也受 Y 市国资委管辖，有些决策两者的利益有冲突；二是企业实际管理层不仅代表了真正的出资者国资委，也代表了员工、企业和母公司，多重关系会导致企业监管缺失，企业的经营风险管理问题在扩大；三是 Y 煤炭公司尚无独立的风险管理部门，更缺少专职的风险管理人员或岗位，会导致治理结构不完善的经营风险管理问题放大化。如公司审计人员兼任风险管理工作，但与具体业务人员缺少直接有效的沟通，导致实际的经营风险管理工作事后进行，降低了经营风险管理工作的及时性和有效性。

2. 风险管理意识不强。公司缺乏经营风险管理的基本制度和相关细则，一个重要的根源是经营风险管理意识淡薄，不仅仅是管理层某个人的问题，根本原因企业管理层作为一个整体缺乏经营风险管理意识，或者说企业法人缺乏经营风险管理意识，缺乏经营风险管理的整体思维、团队思维、全局思维、长远思维。良好的经营风险管理工作不仅需要经营风险管理方面的专业人才，更要上下一条心，多部门联动，将经营风险管理的团体意识、团队意识、预防意识印入每个管理层和员工的脑海。

3. 业绩考评机制缺乏长期性。Y 煤炭公司的经营业绩考核指标一般注重短期目标而忽视长期影响，较注重经营业绩指标而忽视经营风险影响，这会导致企业的管理倾向偏重当前和短期业绩，偏重表面业绩，在日常决策、制度制定、机构和人员配置等方面都倾向眼前。公司缺乏具体的，统一的经营风险管理绩效制度，公司管理层的短期冲动更加无法抑制，这会给企业带来更大的经营风险。

4. 风险管理流程没有固化。Y 煤炭公司的经营风险管理流程不完善，根源在于企业的日常经营风险管理工作碎片化、断点化，没有将经营风险的识别、评价和优化控制工作形成具体的规范，也就无法将经营风险管理流程常态化，无法固化成为企业的基本管理制度，企业的实际经营风险管理工作仍然是随机化、事后化。

综上所述，主要由治理结构不完善引起的经营风险管理机制不完善，是 Y 煤炭公司经营风险管理存在问题的原因所在，Y 煤炭公司经营风险管理机制的优化建设和再造工作刻不容缓。

（二）资本结构不合理的原因分析

资本结构不合理主要表现为三个方面，即闲置资金过多、债权比例过低、融资方式单一。其原因分析分别如下。

首先，闲置资金过多的原因归结于国企治理结构导致管理层保守。Y 煤炭公司的董事会中，大股东 Y 能源集团是国资委 100% 控股的，Y 能源集团不设股东会，只有董事会，由市国资委授权 Y 能源集团董事会行使股东会的部分职权。因此在 Y 煤炭公司内部，存在子公司与母公司、子公司与国资委、经理与企业之间的博弈，表现在企业实际经营中尽量求稳。在流动比率和速动比率远远大于 2 的情况，也正说明了公司领导层对闲置资金的利用率偏低，积极性不高。

其次，债权比例过低的直接原因是 Y 煤炭公司的短期负债和长期负债都很少，企业的债务融资很低。表 7–17 是 Y 煤炭公司 2018 年末负债各科目各主要负债科目情况表。其中，流动负债很小，非流动负债几乎为零；无短期借款和长期借款。从负债总额看，2018 年该公司负债合计 16 亿元，总资产为 106.98 亿元，资产负债率仅为 14.99%，居于行业顶尖水平，规模可控。债权比例过低导致资本结构不合理，从根本上还是源于企业的治理结构导致管理层扩张动能不强，企业资金的利用率不高。

最后，融资方式单一的原因是项目建设及营运资金仍存在对债务融资的惯性依赖。融资来源越多元化，公司融资风险越低，从融资来源来看，公司债券融资的主要对象为银行贷款，单一的融资渠道可能会给企业未来增强经营活力带来制约。作为地方国有企业，在项目建设及运营方面，资金较为依赖债务融资，特别是银行贷款。一方面企业资产优质的情况下，企业毫不费力地成为银行信贷资源的优质客户；另一方面，其他形式的融资方式，如公司债、股权融资等形式的融资，对企业形成更多的成本，限制了企业在融资渠道多元化方面的努力。

表 7–17　Y 煤炭公司 2018 年末债务情况表

项目	2018 年金额	到期期限
流动负债	—	—
短期借款	—	—
应付票据	—	—
应付账款	702124899	一年以内
预收款项	40359885	一年以内
其他应付款	809139164	一年以内

续表

项目	2018 年金额	到期期限
一年内到期的非流动负债	—	—
流动负债合计	1603935593	一年以内
非流动负债	—	—
长期借款	—	—
应付债券	—	—
非流动负债合计	39968	一年以上
负债合计	1603975561	

（三）投资项目不恰当的原因分析

1. 经营杠杆率高——固定资产比例过高

表 7–18 是 Y 煤炭公司 2014—2018 年的资产情况，虽然这五年的固定资产比例在逐渐下降，但前几年的固定资产比例在煤炭行业不景气时保持在 50% 以上，甚至接近 60%，属于比较高的比例。固定资产比例高，不仅固定资产折旧额高，影响企业利润水平，而且会导致资产周转率降低，影响企业整体运营水平。

表 7–18　Y 煤炭公司最近五年资产比例情况

会计年度	2014 年	2015 年	2016 年	2017 年	2018 年
总资产（元）	5634062431	6028288955	6731204759	8854390248	10698006116
流动资产（元）	2817311343	2541118064	3178403915	4536837418	6245914272
固定资产（元）	2816751088	3487170891	3552800844	4317552830	4452091844
固定资产比例（%）	0.50	0.58	0.53	0.49	0.42

2. 经营业绩波动性很大——周期性及多元化不佳

Y 煤炭公司经营业绩波动性大和 2014—2018 年煤炭价格走势息息相关。Y 煤炭公司 2014—2018 年的业绩波动曲线与煤炭价格走势曲线基本吻合，但强于多数煤炭企业，即使在 2016 年煤炭行业低谷时其也保持了盈利。但是 2018 年煤炭价格回落，Y 煤炭公司的业绩也大幅下滑，表明公司抵抗周期波动性引起的业绩波动能力欠佳。

更深层次的原因是企业多元化表现不力。Y 煤炭公司虽然主业是煤炭生产和销售，但已陆续涉及发电、供热、煤炭运输物流等业务，拓展多元化业务。尽管如此，煤炭业务收入仍然占比超过 85%，使得公司整体业绩受煤炭价格周期的影响很大，公司的盈利稳定性无法提高。

3. 投资回报率一般——投资水平差及投资范围单一

Y煤炭公司投资回报率一般的原因，一是公司虽然在积极拓展多元化，但目前对外投资仍然没有形成一个战略性的规划，不论是煤化工还是新能源还都在摸索阶段，供热和发电业务目前体量太小，还不足以对企业利润形成支撑。二是公司投资的范围都是煤炭企业或煤炭行业相关企业，同样受到煤价周期性波动的影响，导致投资回报率不稳定或低下。

（四）营运管理不善的原因分析

1. 存货周转率不稳定。根本原因是煤炭价格波动性很大，从2016年低谷期300元/吨爬升到2017年高峰600多元/吨，但2018年又下滑至不到500元/吨，且煤炭市场消费需求量在缓慢下降。Y煤炭公司的存货周转率虽然明显高于行业平均值，但波动性很大，也很大程度上影响了企业的净利润的持续稳定增长。此外，Y煤炭公司的生产计划没有进行合理安排，从而规避每年的淡旺季煤炭消费周期，造成了存货。

2. 应收账款周转率低。Y煤炭公司的应收账款周转率水平不够优秀，原因有两点：一是该公司的客户是长期客户比较多，较多地采用了付款期比较长的销售政策；二是公司客户付款时较多地采用了分期付款的政策。

（五）宏观环境变化应对不力的原因分析

Y煤炭公司应对宏观环境变化风险因素的管理措施不力，这些管理问题背后的原因如下。

1. 煤炭主营业务不够强大。公司2014—2018年的煤炭产量仅仅增加了20%左右，虽然很稳定，但也凸显了主营业务发展缓慢的窘境。作为区域内政府重点扶持的以煤炭为主的能源企业，煤炭产能增加缓慢，与行业龙头企业差距明显，背后的根源有近年来煤炭行业的波动局面造成的煤炭销量波动阻碍了企业产能增加，更重要的是公司治理结构不完善，企业管理层扩产动能不强。

2. 煤炭多元化经营体系尚未形成。不论是发电、煤化工还是煤盐化工等都是重投资产业，建设周期较长。此外化工产业的技术水平和投资规模要远远超过煤炭行业。因此尽管Y煤炭公司几年前就确立了多元化的发展战略，但在实际发展进程中，受投资能力、技术水平等的制约，多元化进展不快。

3. 无应对进口煤炭冲击的措施。根本原因在于公司地处西北内陆，面对进口煤炭的冲击影响较小，公司管理层对此的应对措施不够。但近年来随着世界经济增速下滑，国外煤炭市场消费需求下滑，国外煤炭对沿海煤炭消耗大户的冲击越来越甚，企业必须考虑进口煤炭的影响。

（六）行业环境变化管理不善的原因分析

Y 煤炭公司应对行业环境变化风险因素的管理措施不力，这些管理问题背后的原因如下。

（1）应对煤炭强周期性的多元化进展缓慢。原因除了煤化工产业的投资规模和技术水平要远高于煤炭行业，而 Y 煤炭公司的投资能力和人才储备都存在短板。此外，企业领导层对于经济周期和煤炭周期的波动性把握不足，战略规划能力不够，对企业发展阶段性和长期性的认识不够，导致对煤化工、煤质烯烃、新能源等多元化相关产业的规划不够。

（2）应对下游客户的议价弱势。原因一是公司自身的煤电一体化未见成效，公司自身的发电业务营收占比很小，而且公司的发电机组都是 30MW 以下，都属于国家政策关停的机组，公司的电力业务进展缓慢；二是公司并未与其他大型电力企业结成有效联盟，以共同抵御煤炭行业周期性波动风险。

（3）成本管理能力有待提升。在单一的煤炭产销业务下，成本管理能力属于行业领先水平。但一旦业务拓展到煤化工、煤电等多元化业务，成本管理能力的要求成倍提升，这对公司来说压力巨大，对公司的三费控制、成本管理、资金成本和效率等都提出了更高的要求。

总之，对于内部环境分析，Y 煤炭公司经营风险管理存在的问题表现在六个方面，即风险管理机制不完善、资本结构不合理、投资项目不恰当、营运管理不善、宏观环境变化应对不力和行业环境变化管理不善。

找出风险因素或管理问题之后，就要分析其原因，进行管理优化。因此，在分析 Y 煤炭公司经营风险管理面临的外部风险因素和内部管理问题的原因基础上，对这六个方面的问题的重要性加以评价。对经营风险管理机制的完善是基础，对经营风险管理机制进行优化是重中之重；资本结构不合理、投资项目不恰当和营运管理不善这三个方面是实际表现，对这三个方面管理问题进行优化是手段；宏观环境变化和行业环境变化是外在条件，对宏观和行业风险因素的管理优化是长期战略。这三类问题相辅相成，缺一不可，相互影响又相互制约。

第四节 Y煤炭公司经营风险管理优化方案的制订

本书以基本的风险管理流程理论为基础，将本书的分析路径及管理优化路径拓展为“发现风险—分析风险背后的诱因—优化风险管理—实施计划—保障措施”。本书首先在界定经营风险和经营风险管理的概念基础上，运用资本结构理论、经营杠杆理论、国资委风险管理框架以及 Z-Score 模型理论，分别对资本结构不合理、投资项目不恰当以及风险管理机制不完善和流程不完善的问题进行了原因分析。

本书以资本结构理论、经营杠杆理论以及国资委风险管理框架理论与 Z-Score 模型理论为基础，针对 Y 煤炭公司经营风险管理存在的问题以及第三章宏观环境变化和行业环境变化风险因素，制订了一一相应的管理优化方案。

一、Y 煤炭公司经营风险管理优化方案

根据前文 Y 煤炭公司经营环境分析及其经营风险管理现状与存在问题讨论，可以初步确立 Y 煤炭公司经营风险管理优化的目标，即根据 Y 煤炭公司所处的特定经营环境，识别潜在经营风险管理问题，通过优化经营风险管理流程和机制，加强对各类风险的监督管理，以实现控制经营风险，实现企业持续稳定的盈利和发展。

仅有识别经营风险管理问题，并不能全面满足 Y 煤炭公司经营风险管理优化的需求。Y 煤炭公司的经营目标是实现持续稳定的盈利能力和抵抗周期性波动的抗风险能力，不同的部门应制定不同的经营风险管理优化策略，公司层面制订经营风险管理优化的整体方案，实施计划和保障措施，整体优化方案要具有可行性和可操作性，才能推动公司经营风险管理工作更上一个台阶。

（一）经营风险管理机制的优化

针对 Y 煤炭公司经营风险管理机制不完善的问题，现制订其经营风险管理机制的优化方案。

1. 优化公司的现代企业法人治理结构。我国国有能源企业所有权和经营权不分离，企业的活力不够；所有权和经营权过于脱钩，监督不力，会诱发经营者腐败勾结，营私舞弊。因此，Y 煤炭公司即使未上市，也应建立完善的现代企业治

理架构，通过设立完善的董事会、监事会和股东大会，使所有权和经营权权责明晰，从顶层设计角度规范提高公司的经营风险管理水平。同时，立即着手建立专门的经营风险管理机构，并制定经营风险管理的基本制度和操作细则。

2. 建立经营风险管理的组织架构体系。Y 煤炭公司可以建立多层次的经营风险管理组织架构体系。首先是梳理全公司生产经营流程，在基层的每个经营风险控制点设置专门或兼职的风险管理岗位；其次是在财务和审计部门设置专门的风险管理岗位，对于重要业务要实行双重复核；再次是建立专门的经营风险管理部门，并配置足够的经营风险管理人员；最后是公司定期聘请外部的审计或风险管理机构，对公司的经营风险定期监督检查和优化。

3. 完善全面的绩效评估体系和考核激励机制。Y 煤炭公司应建立从管理层到基层风险管理人员的全面的绩效评估体系和考核激励机制，把各部门的绩效评估工作接入经营风险管理考核体系，同时薪酬体系也应加入对经营风险管理工作的考核。坚决处罚忽视经营风险管理工作或者给企业经营造成风险损失等行为。

4. 健全全面风险管控体系和流程。以健全内部控制体系为根本，采取横向分类、纵向分层的模式，完善公司全面风险管理体系，建立并优化风险管理流程和技术标准，建立不同层次的风险“防火墙”，防止风险的传递和转移，全面提高经营风险管理水平。有下列三项工作需要加强。

首先，进一步深化信息管理机制。以风险信息管理体系建设为牵引，在不同层级、不同岗位形成“立体化”的管理架构，实现信息高效传递和充分利用。强化风险信息的收集和识别，加强信息的流通渠道通畅，确保风险得到有效隔离和化解，发挥各部门、各子公司聚合效应，提升公司经营管理水平和风险防控能力。

其次，初步建立风险管理流程和技术标准。在健全内部控制制度的基础上，建立风险识别和评估的技术标准，以及风险预警和风险报告操作程序，特别是建立并持续优化风险种类库。根据已识别的风险源，在各业务及审批流程中嵌入风控环节，从公司本部和下属企业两个层面构建多层次风险防控结构，实现每个环节责任到人，强化风险管理。

最后，建立可量化的风险评价体系（Z–Score 模型）。Z–Score 模型是对企业是否破产进行判断的多变量的风险评价系统，其在实践中得到了广泛的应用。

对 Y 煤炭公司经营风险的评价采用非上市公司的模型公式为：

$$Z=1.0X3+6.56X1+3.26X2+0.72X4。$$

总的判断准则为 $Z<1.81$ 属破产区；$1.81 \leqslant Z<2.67$ 属灰色区；$2.67<Z$ 属安全区，Z 值越大，企业的生存处境越安全。具体统计值如下。

表 7-19 Y 煤炭公司 2014—2018 年资金占用评价指标统计值（单位：元）

年度	2014 年	2015 年	2016 年	2017 年	2018 年
流动资产	2817311343	2541118064	3178403915	4536837418	6245914272
流动负债	1035649618	1094595163	1660553149	1086878936	1603935593
留存收益	1168910141	2266149093	2348350983	4475524715	5704342779
息税前利润	1072701971	572759360	602386118	2735519711	1991045359
营业收入	3842675680	3094961030	3491472854	6290682045	6220104754
所有者权益	4289102813	4932493792	5070258425	7767118128	9095030554
资产总额	5634062431	6028288955	6731204759	8854390248	10698006116
负债总额	1344959618	1095795162	1660946334	1087272120	1603975561

表 7-20 Y 煤炭公司 2014—2018 年资金占用评价指标统计值

序号	项目	2014 年	2015 年	2016 年	2017 年	2018 年
1	X_1	0.32	0.24	0.23	0.39	0.43
2	X_2	0.21	0.38	0.35	0.51	0.53
3	X_3	0.19	0.10	0.09	0.31	0.19
4	X_4	0.68	0.51	0.52	0.71	0.58
5	Z	3.43	3.26	3.08	5.02	5.19

根据表 7-20 的 Y 煤炭公司 Z-Score 模型的评价结果显示，其在 2014—2018 年的 Z 值均大于 2.67，表明企业经营风险在可控地带，财务风险和经营风险相对较小。

（二）融资管理优化

根据 Y 煤炭公司融资风险管理问题的成因，现制订融资管理优化方案如下。

1. 确定合理的资本结构

Y 煤炭公司流动性过剩，企业资金利用率低，债权融资比例过低，尽管公司融资风险较低，但公司的资本结构不合理，需要改善。企业的债权比例过高会产生财务风险；反之企业的债权比例过低，企业的资金利用率低，企业偏保守的战略规划制约了企业的壮大。所以要在融资风险和融资成本之间寻找平衡，使得企业价值最大化。这也是最优资本结构的意义所在。

Y 煤炭公司在过低的财务杠杆之下，为了优化资本结构，从根本上需要增加债权融资，或者加大对外投资。具体方案一是适当降低留存收益率，增大分红或对外投资，由于 Y 煤炭公司留存收益率很高，股东投资倾向不足，适当加大对内或对外投资，增大总资产，扩大股本，有利于提高公司活力，获得更大规模的发展；二是适当增加一定规模的低息债券发行，就公司目前的经营状况而言，发行低息债券是可行的。

2. 多方面选择融资渠道

Y 煤炭公司近年来的融资一直依赖单一的银行借款，企业应适当运用多种融资方式和渠道，降低平均加权资本成本，提高融资效率，增强企业活力。如公司可考虑 IPO，以向特定投资者或公开发行股票的方式获得资金，增厚资本，从而进一步优化资本结构，实现公司规模扩大，保证公司长远发展。

3. 合理安排融资时机

企业融资和投资如能考虑“天时、地利、人和”，将会事半功倍。企业准备融资时需要对年度或更长时间的企业发展规划有充分的把握，并在合适的时机选择合适的融资方式和融资来源。如短期融资对应的是企业短期的投资项目或流动资金，长期融资对应的是企业两年以上的发展规划，严格避免“短债长投”和“长债短投”的行为，做到投融资适度平衡。同时，选择融资方式时，合理利用宏观经济形势变化导致的利率变动情况，尽量选择最优融资成本。

4. 加快新项目建设和周转，尽快回笼资金

Y 煤炭公司的新投资项目持续时间长，资金压力大，所以更需要 Y 煤炭公司加强经营管理能力，对新规划的项目要进行充分的项目评估，对资源储量、建设成本、环评要求、建设周期、市场前景、投资回报率等指标进行反复论证，确保项目如期投产、如期满产、如期盈利、如期回收成本，保证企业融资方面不出风险。

（三）投资管理优化

Y 煤炭公司投资风险管理中存在经营杠杆偏高，经营业绩波动性大，投资回报率不稳定等问题，根据这些问题的成因，制订投资管理优化方案如下。

1. 优化投资管理全流程控制体系。坚持战略和价值导向，按照“系统性、科学性、可控性”原则，加强“投资研究—投资决策—投中管理—投后退出”投资项目全流程、全周期管理，精细化、闭环化处理投资的各个流程节点，科学选择投资并购标的，建立项目跟投机制，完善投资管理全流程控制体系。

在投前调研方面，严格做好尽职调查，从投资对象的战略匹配度、人才储备、盈利状况、资产质量、行业前景、市场竞争状况、投资回报率、投资回收期等全面验证投资可行性。在投资决策阶段，不同的项目级别分别要经过股东大会或公司高层的充分论证。投中管理阶段，要密切关注项目资金状况以及外部环境的变化，做到实时监控。投后管理方面，要吸取经验，同时对项目进行持续跟踪，决不能放任自流。

2. 建立健全投资项目决策体系。建立健全投资项目管理信息库，完善投资项目不间断的滚动投资机制，完善投资项目评估和决策体系，明确各职能部门在投资活动中的责任和权力，降低决策风险。构建多种投资分析优化模型，全面分析论证项目经济性、投入产出比、项目回收期、市场规模、企业风险承受能力等，提高项目投资决策科学性和可靠度。

3. 加强培育资本运作能力。围绕公司战略布局和产业结构调整升级方向，以“战略导向、系统推进”为核心，以战略强化、战略补差与财务投资为目标导向，强化资本运作功能，对接多层次资本市场，实施和参与公司发展重点领域的并购重组、资产处置、资产证券化，着力于打造企业可持续发展能力，强化主业竞争力，推进企业跨越式发展。同时对关键领域和技术加大并购重组的力度。

4. 适当采取风险转移措施。多元化是把双刃剑，Y 煤炭公司的投资项目收益率也不稳定，没有对主业形成有效的补充，对企业经营风险没有帮助，公司可以考虑实施出售部分资产、为风险较大的资产购买保险或者将辅业剥离或外包等风险转移措施转移风险。

（四）营运管理优化

1. 加强应收账款的管理

Y 煤炭公司应该从上到下，提高对应收账款回收不力的风险认识，优化针对应收账款风险的管理水平。首先公司应建立关于应收账款回收的独立制度，包括对不同资信的客户给予不同销售政策的信用评级制度；不同层级的销售政策分级制度；对未履约合同的法律处理程序；对公司应收账款进行分析并制定应收账款计提和预测的评价体系。其次是建立需要赊销购买的客户提供担保品的应收账款信用担保制度，从而当客户发生应收账款回款困难时，尽可能降低企业损失。

2. 加强存货的管理

存货周转异常，会影响企业的现金流状况和变现能力。Y 煤炭公司的存货周转率不稳定，优化建议如下：一是加强对员工的培训和管理，提高员工对存货管理重要性的认识；二是对存货实行分级保存办法，尽量降低存货减值损失；三是加强对存货的盘点，包括提高存货管理的信息化程度、流程化存货管理细则和定期化存货盘点。

（五）宏观环境变化管理优化

对于宏观环境的变化，企业要基于自身的情况，制订宏观环境变化管理优化方案。

1. 做大做强主业

加大资源获取力度，积极打造5000万吨级煤炭生产供应基地统筹规划各权属企业煤炭资源、确定重点开发矿区，在巩固已有煤炭生产供应规模的基础上，综合采用市场和政治手段相结合的方式，积极获取优质煤炭资源，科学优化煤炭产业布局；以政策为导向，采取联合、兼并重组等多种形式，对地方小煤矿和其他相关企业的矿井实施资源整合，扩大企业煤炭生产供应规模，提升煤炭产业集中度，形成各煤矿生产、煤炭销售、煤炭综合利用链条相互支撑、协同发展局面。

2. 多元化转型

从宏观的角度，公司为了降低煤炭消费需求下降的影响，寻求多元化转型出路，主要有三个层次，一是推进投资形式多元化，即通过出资入股、股权交易、开展PPP项目、兼并重组等多种形式，放大国有资本功能，增强企业发展活力和竞争力；二是横向一体化，发展与煤炭产品有竞争性的新能源、盐化等业务；三是煤炭产业链纵向一体化，探索发展煤化工为主体的循环经济产业链。公司应统筹规划、高瞻远瞩，制订科学的多元化路径和方案，提高公司抵抗宏观风险的能力。

3. 布局新能源

主要包括三个方面的发展思路：一是利用Y市地处西北高原地带充足的风能资源，发展风电项目；二是利用丰富的日照资源，开发太阳能光伏发电和太阳能热发电项目；三是加快消费电网布局，推进新能源汽车充电、售电业务。

4. 扩大煤炭出口，抢占出口市场份额

Y煤炭公司的煤炭品阶在全国来说也是顶级煤种，但过去绝大部分市场都在国内。公司应该加大煤炭出口市场的拓展力度，组建独立的煤炭进出口公司，积极提高煤炭出口市场销售额，抵御国内煤炭市场的周期波动。

（六）行业环境变化管理优化

对于行业环境的变化，企业要基于自身的情况，制订行业环境变化管理优化方案。

1. 提高领导层的战略规划意识

Y煤炭公司的领导层需要对煤炭行业的周期性和波动性提早把握，做好战略规划，正确处理好企业发展阶段性与连续性的关系，总结公司发展经验与成果，做好长远规划和短期规划，整体规划和部门规划、分阶段、分部门地推进公司长期战略的实施。

2. 加强企业的多元化，来规避行业周期波动

从煤炭产业链的角度，Y煤炭公司应充分利用集团资源优势，通过产业链互

补、技术耦合的方式，打造多联产循环经济基地，实现“资源勘探开发一体化、煤电热化一体化、煤油盐气一体化”的综合发展模式，总体多元化布局为：积极发展“煤炭生产—煤炭运销—煤炭转化（热电和煤化工）”“传统能源—新能源”一体化发展模式，从而规避煤炭行业的周期波动。

3. 加强成本管理能力

具体包括如下四个方面：完善降低成本的目标责任制，完善降低成本的责任考核机制，加大收入分配的激励力度，强化成本对标与业务协同，降低自产煤生产成本和发电供热成本；降低企业成本费用，全面推行预算管理，严格控制采购成本、库存成本、人工成本、资金成本等四项成本，努力压减管理费用、销售费用、财务费用等三项费用；开展企业瘦身专项行动，注重减少企业管理层级，对三级以下法人企业分类处置，原则上只保留三级法人公司架构；企业新上项目，应该优先使用、消化集团内的富余人员，确实需要新聘专业人员的，应严格控制，公开招聘；提升资源充分利用率，加强各业务板块之间、各子公司之间的技术、人才、资金、物资、设备等资源协同，进一步盘活资产，提高资产创利能力。

4. 加强煤电一体化、积极构建煤电联盟

除了企业内部积极筹建煤电一体化项目外，积极与其他大型电力企业结盟，构建煤电联营体或成立合资公司，解决煤价和电价冲突的矛盾，提高煤企和电企的抗风险能力，做到双赢的局面。

二、优化前后对比和预期效果分析

为了进一步增强优化方案的可行性，本书对 Y 煤炭公司经营风险管理中存在问题的优化方案前后进行了对比，并进行了预期效果分析。

如表 7–21 所示，根据 Y 煤炭公司外部环境分析及其经营风险管理现状与存在问题分析结果，拟订了 Y 煤炭公司经营风险管理优化的具体方案。通过识别潜在经营风险管理问题，优化经营风险管理流程和机制，加强对各类风险的监督管理，以实现对经营风险的管控，提升企业经营风险管理水平。

（一）对比分析

表 7–21　Y 煤炭公司经营风险管理优化前后对比情况

序号	经营风险管理问题		
		优化前	优化后
1	经营风险管理机制不完善	风险管理组织机构不健全合理	优化公司的现代企业法人治理结构，建立经营风险管理的组织架构体系
		经营风险管理制度缺失	完善全面的绩效评估和考核激励机制
		经营风险管理流程不完善	健全全面风险管理体系和流程

续表

序号	经营风险管理问题		
		优化前	优化后
2	资本结构不恰当	闲置资金过多	确定合理的资本结构
		债权比例过低	多方面选择融资渠道
		融资方式单一	合理安排融资时间、加快新项目建设
3	投资项目不合理	经营杠杆较高	优化投资流程和控制体系
		经营业绩波动性很大	建立投资项目决策体系
		投资回报率一般	加强资本运作能力，适当采取风险转移策略
4	营运管理不完善	存货周转率不稳定	提高应收账款回收意识；完善应收账款回收制度和信用担保制度
		应收账款周转率低	加强对员工的管理和对存货的盘点
5	宏观环境变化	产能过剩，煤炭消费需求降低	多元化转型
		清洁能源对煤炭的替代	布局新能源产业
		进口煤炭挤占份额	增大煤炭出口份额
6	行业环境变化	煤炭企业盈利不稳定	提高领导层的战略规划能力，加强多元化
		煤企下游客户议价能力强	加大煤电一体化，构建煤电联盟
		煤企生产成本上升	加强成本管控能力

（二）预期效果分析

经营风险管理优化的本质还是在于在当前多边的外部环境下，增强企业抵抗经营风险能力，提高企业持续稳定的盈利能力。对Y煤炭公司而言，通过上述经营风险管理优化方案的制订，预期未来企业的经营风险管理和持续稳定的盈利能力更上一层台阶。因此，本书在经营风险管理优化的前提下，对其未来几年的经营预期如下。

1. 总体目标

紧抓国家加快大型煤炭基地规划建设重大历史性机遇，调整产业结构、提升经营水平，在产业格局调整、资产运营、管理提升、科技创新、开辟煤炭清洁高效利用等方面取得关键性进展，推进实现公司整体上市，使公司资产结构更加优化、产业结构更加合理、收入来源更加多元、经营风险管理更加高效、企业持续稳定的发展能力不断增强。

2. 主要经济指标

到2023年，Y煤炭公司资产总额超过200亿元，营业收入超过120亿元，利润总额突破40亿元，持续增加研发投入，优化管理水平，提高经营业绩，如表7-22。

表 7-22　2019—2023 年主要经营数据预期

年度	2019 年	2020 年	2021 年	2022 年	2023 年
资产总额（亿元）	123	141	163	187	215
净资产（亿元）	105	120	138	159	183
营业收入（亿元）	72	82	95	109	125
利润总额（亿元）	23	26	30	35	40
净资产收益率（%）	21	21	22	23	23
资产负债率（%）	42	41	40	40	40
研发投入（亿元）	1.9	2.2	2.6	2.9	3.4

根据行业发展趋势、公司现有产业生产销售增长状况，预计到 2023 年公司营业收入将从 2018 年的 62 亿元增长到 2023 年的 215 亿元，复合增长率为 14.57%；至 2023 年，公司煤炭板块、热电板块、化工板块、新能源板块、物流和其他业务板块营业收入占比分别为 50.7%、17.3%、10.7%、1.3%、20%。见表 7-23。

表 7-23　2019—2023 年公司分业务营业收入增长情况（单位：亿元）

业务类别	2019 年	2020 年	2021 年	2022 年	2023 年
煤炭	36.5	41.6	48.2	55.3	63.4
热电	12.5	14.2	16.4	18.9	21.6
化工	7.7	8.8	10.2	11.7	13.4
新能源	0.9	1.1	1.2	1.4	1.6
其他业务	14.4	16.4	19.0	21.8	25.0
合计	72	82	95	109	125

3. 资产管理及资本运营目标

按照打造大型综合类能源企业的目标，在集团层面着力定位为产业控股集团，形成完善的国有资本“投—运—管—退”运作流程；加快打造国有资本管理上市平台，加大股权多元化和资产证券化力度，认真谋划 IPO 计划，力争 5 年内主板上市，增强资本的流动性，推动企业多元化融资渠道建设；同时发挥省内外资本与资源联动效应，扩充企业资本，推动企业获得跨越式发展。

4. 企业改革和运营管控目标

以企业整体上市为方向，推动 Y 煤炭公司的混合所有制改革，改善公司及下属子公司的股权结构，优化董事会结构和包括总经理在内的市场化选聘，加强制度建设，完善人力资源管理、财务管理、风险管理等职能建设，提升企业经营管理水平；逐步推行股权（期权）激励试点，在符合条件的二三级企业积极推行管理层持股；对标国内外先进企业，积极争取相关政策支持，全面建立激励与约束并重的体制机制。

5. 主业结构调整目标

经过转型升级，计划到 2023 年 Y 煤炭公司的煤炭业务资产占比下降到 40% 以下，热电和化工业务资产占比上升到 20% 以上，资产结构更加优化。煤炭、热电、化工三大业务营业收入占比分别从 2018 年的 68.4%、4%、1.3% 转变为 2022 年的 50.7%、17.3%、10.7%，收入结构更加均衡，抗风险能力进一步提升。

第五节 Y煤炭公司经营风险管理优化的实施计划与保障措施

为了确保 Y 煤炭公司经营风险管理优化方案的顺利和有效实施，需要制订经营风险管理优化的实施计划与保障措施。

一、Y 煤炭公司经营风险管理优化实施计划

（一）实施目标与原则

为了确保 Y 煤炭公司经营风险管理优化方案的顺利和有效实施，需要制订经营风险管理优化的实施计划。实施计划的目标是根据 Y 煤炭公司经营风险管理优化方案，通过制订有效的实施规划和保障措施，加强经营风险管理优化方案的落实，确保企业的经营风险管理制度清晰、权责明确、流程通顺、奖罚分明，以提高企业持续稳定的盈利水平。

经营风险管理优化最重要的是可行性，基于此，实施计划坚持统一规划与分步实施相结合原则。正确处理好经营风险管理阶段性与连续性的关系，做好总体规划、专项规划，分阶段地推进经营风险管理优化方案的实施计划和保障措施。

（二）优化方案的实施过程

1. 经营风险管理优化方案的制订审批阶段

根据经营风险管理优化方案的细节，制定和起草 Y 煤炭公司经营风险管理优化草案，在适当的时间递交给 Y 煤炭公司的审计法务部，争取在 Y 煤炭公司的临时董事会会议中得到批准。经营风险管理优化的构建草案需详细阐述经营风险管理优化的完整方案及可行性。董事会批准后，着手展开经营风险管理优化的组织机构的建立和人员的招募。

2. 经营风险管理人员配备招募阶段

仅凭 Y 煤炭公司审计法务部和财务资产部的人员很难在短时间内完成 Y 煤

炭公司的经营风险管理优化的基础架构构建工作。为此，该公司的人力资源部门需要协助招募经验丰富的合格经营风险管理专业人员，尤其需要高薪聘请一名有着深厚的行业经验和专业的风险管理经验的高级经理人担任经营风险管理总监。只有配备足够的风险管理的专业人才，才能使公司经营风险管理工作步入正轨。

3. 经营风险管理优化构建动员阶段

经营风险管理优化工作某种意义来说是全员工作，因为风险因素通常都是全员面对的。为此，建议公司审计法务部联合经营风险管理部，对最基层干部（小组长）展开分批次、分阶段、分层次的经营风险管理培训教育，逐一介绍公司在宏观经济、行业波动、融资、投资和营运等方面可能存在的经营风险管理问题。同时，培训中深入开展案例教学、反面教学等活动，以增强培训效果。

4. 经营风险管理制度建设阶段

Y 煤炭公司的经营风险管理制度和机制最少要进行两至三次的循环反馈流程，即“提交—反馈—修改—提交”，以使经营风险管理的制度和流程体系实事求是，反复验证，使适用性更完善。之后通过公司管理层会议审议通过 Y 煤炭公司的各项经营风险管理优化制度、工作流程及岗位手册，并明确相关制度的实施时间和步骤。

5. 经营风险管理流程设计及固化阶段

为了将经营风险管理各环节的工作做到流程化、信息化、双审核和制度化，建议将公司经营风险管理的检查、审核、审批等业务流程加入公司的 ERP 系统和 OA 办公自动化系统中，提升经营风险管理工作的高效性和可追溯性，固化经营风险管理流程和体系。

二、Y 煤炭公司经营风险管理优化实施保障措施

（一）人力资源保障措施

培养造就一支能够完全胜任 Y 煤炭公司经营风险管理工作的人才队伍至关重要。

1. 多渠道解决人力资源需求

按照集团公司发展战略规划实施重点及步骤，通过人才盘点制订人才发展规划，明确能源、化工、现代物流业、高级投融资、资本运作、国际化等人才需求，拓宽人才渠道，加强市场化招聘工作。

2. 完善人力资源管理体系

由 HRM 向人力资本开发转型，完善人才“选用育留退”机制，制订基于战略的人力资源规划，建设多层次、开拓进取、素质优良、结构合理的人才队伍。

3. 探索薪酬体系改革

实施企业分类对标管理和效益决定分配原则，以岗位价值评估为基础，建立差异化的薪酬结构。积极探索股权改革、超额利润分享、项目跟投、业绩对赌等中长期特殊激励模式，提升企业活力。

4. 优化绩效管理体系

建立健全全员业绩考核制度，把考核结果与岗位绩效工资紧密挂钩，将岗位贡献和业绩表现同员工收入挂钩。坚持以绩效考核为核心，建立更为公平合理的激励约束体系。

5. 深入推进能力建设

开展多种学习形式，提升管理层和员工素质。强化中心组、董事会学习，加强领导干部能力建设；建立部门内部学习机制，加强各部门业务能力建设，提升专业人员的战略思维、系统思维能力；形成从一线队伍中涌现出一批技术改造能手、发明创新巧匠的局面。

（二）制度保障措施

加快经营风险优化方案的实施，需要公司战略层面管理体系和制度的支持。

1. 搭建战略管理体系

编制重点专项规划，集团公司各经营单位、各部门细化落实本规划提出的发展目标、重点项目和实施措施，确保各级规划上下衔接、步调统一。搭建年度经营计划与预算体系，将战略规划转化为经营计划落实在各经营单位、各部门，再配合预算进行资源配置，并促使经营计划与战略相衔接。搭建战略控制体系，通过季度、半年度经营分析会议与各经营单位负责人述职会议等会议体系，对下属各子公司的经营管理活动进行日常监控。

2. 完善战略绩效管理制度

根据战略目标完成情况进行跟踪评估，及时发现目标实施过程中的问题并进行动态调整。严格规划实施的目标考核，对优化方案和实施计划确定的重要指标和重大项目，纳入企业负责人经营业绩和绩效考核体系。

参考文献

[1] 杨芬，郭广生，张士运 . 技术创新、产业结构调整与能源消费 [J]. 中国科技论坛，2020（06）：75–84.

[2] 姚海燕 . 煤炭企业绿色开采驱动机制研究 [J]. 煤炭工程，2020，52（04）：181–184.

[3] 王文才，李雨萌 . 矿井采空区地下水库抗震性研究 [J]. 煤矿安全，2020，51（04）：57–60，65.

[4] 胡振琪，肖武 . 关于煤炭工业绿色发展战略的若干思考——基于生态修复视角 [J]. 煤炭科学技术，2020，48（04）：35–42.

[5] 卞正富，雷少刚 . 新疆煤炭资源开发的环境效应与保护策略研究 [J]. 煤炭科学技术，2020，48（04）：43–51.

[6] 赵富礼，张丽华 . 山西省金融支持煤炭行业科技创新发展研究 [J]. 煤炭经济研究，2020，40（03）：55–61.

[7] 杨宏庆 . 论绿色开采技术在煤矿发展中的研究与运用 [J]. 中国石油和化工标准与质量，2020，40（06）：207–208.

[8] 宋子岭 . 实施绿色开采促进露天煤矿可持续发展 [J]. 中国煤炭，2020，46（03）：40–46.

[9] 杨修博 . 基于前景理论的 PPP 项目政企决策行为的演化博弈分析 [J]. 财政科学，2020（02）：32–44.

[10] 王双明 . 对我国煤炭主体能源地位与绿色开采的思考 [J]. 中国煤炭，2020，46（02）：11–16.

[11] 孙铎 . 提高能源效率与经济结构调整的策略分析 [J]. 财富时代，2020（01）：162.

[12] 王双明，孙强，乔军伟，等 . 论煤炭绿色开采的地质保障 [J]. 煤炭学报，2020，45（01）：8–15.

[13] 王慧军 . 发展完善的 PPP 模式提升地方政府治理能力 [J]. 求知，2020（01）：25–27.

[14] 董超 . 中国煤炭资源绿色开采技术的发展探讨 [J]. 石化技术，2019，26（12）：157–158.

[15] 杨忠伟 .PPP 模式在铁路项目中的应用研究 [J]. 工程技术研究，2019，4（24）：173–174.

[16] 高皖秋 .PPP 模式运行问题及对策研究 [J]. 贵阳学院学报（自然科学版），2019，14（04）：33–35.

[17] 尤炫杰，陈强，杨雄 . 基于 PPP 模式下资产证券化的探索 [J]. 中国集体经济，2019（36）：106–107.

[18] 马媛，潘亚君 . 煤炭绿色开采技术推动策略研究：基于政府与企业的演化博弈视角 [J]. 中国矿业，2019，28（10）：97–101，108.

[19] 李浩荡，佘长超，周永利，等 . 我国露天煤矿开采技术综述及展望 [J]. 煤炭科学技术，2019，47（10）：24–35.

[20] 宋子岭，赵东洋，张宇航，等 . 露天煤矿绿色开采生态环境评价体系模糊评判研究 [J]. 煤炭科学技术，2019，47（10）：58–66.

[21] 赵珊珊，赵红梅 . 基于 DEA 的煤炭企业竞争力评价研究 [J]. 经济师，2019（10）：72–73.

[22] 黄锦鹏，齐绍洲，姜大霖 . 全国统一碳市场建设背景下企业碳资产管理模式及应对策略 [J]. 环境保护，2019，47（16）：13–17.

[23] 唐德才，李智江 .DEA 方法在可持续发展评价中的应用综述 [J]. 生态经济，2019，35（07）：56–62.

[24] 张丽华，罗智仁，张轩溧 . 供给侧改革背景下煤炭企业科技创新的金融支持效率研究 [J]. 华东经济管理，2019，33（07）：149–157.

[25] 刘新杰，宋高峰，蒋斌斌 . 煤炭行业发展历程及展望 [J]. 矿业安全与环保，2019，46（03）：100–103，112.

[26] 柳国超 .PPP 项目资产证券化案例研究 [D]. 西安：西安电子科技大学，2019.

[27] 李成宇 . 基于 DEA—ESDA 模型的煤炭资源利用效率研究 [J]. 中国国土资源经济，2019，32（10）：71–79.

[28] 刘玲 . 基于改进 EBM 模型的东北地区生态效率评价研究 [D]. 北京：中国地质大学，2019.

[29] 冉海钢 . 金融支持煤炭行业转型发展问题探究 [J]. 金融经济，2019（08）：134–136.

[30] 王双明，段中会，马丽，等 . 西部煤炭绿色开发地质保障技术研究现状

与发展趋势 [J]. 煤炭科学技术，2019，47（02）：1–6.

[31] 郭辉 . 我国煤矿绿色开采技术的发展 [J]. 中国石油和化工标准与质量，2019，39（02）：216–217.

[32] 许家林 . 岩层控制与煤炭科学开采——记钱鸣高院士的学术思想和科研成就 [J]. 采矿与安全工程学报，2019，36（01）：1–6.

[33] George. E H, George J P. *Pollution, environmental taxes and publicdebt：A game theory set up* [J]. Economic Analysis and Policy，2018，58.

[34] 王占楼，顾清华，王会杰，等 . 中钢富全矿业“五位一体”绿色矿山建设模式与实践 [J]. 中国矿业，2018，27（12）：72–76.

[35] Sueyoshi, Yuan Y. *Measuring energy usage and sustainability development in Asiannations by DEA inter mediate approach* [J]. Journal of Economic Structures，2018，7（1）：82.

[36] 王春舒 . 碳金融助推陕西煤炭企业发展的路径选择 [J]. 企业改革与管理，2018（20）：109，116.

[37] 龚鹏，张洪岩，赵奎涛 . 全国绿色矿业研究文献统计分析 [J]. 中国矿业，2018，27（10）：104–107，121.

[38] 罗祎玥 . 能源金融一体化我国石油安全与评价指标的体系 [J]. 石化技术，2018，25（08）：203.

[39] 杨安妮，栗继祖 . 基于前景理论的煤矿安全行为监管演化博弈 [J]. 煤炭技术，2018，37（08）：330–333.

[40] 韦海民，杨肖 . 煤炭运输通道 PPP 项目风险评价研究 [J]. 煤炭技术，2018，37（08）：314–317.

[41] 范军富，胡铁男 . 绿色开采条件下露天煤矿土地动态演化规律研究 [J]. 安全与环境学报，2018，18（02）：814–819.

[42] 胡炳南，郭文砚 . 我国采煤沉陷区现状、综合治理模式及治理建议 [J]. 煤矿开采，2018，23（02）：1–4.

[43] 王赫奕，王义保 . 供给侧改革的动因与规制研究：基于政府与市场的博弈关系 [J]. 中国软科学，2018（03）：76–85.

[44] 杜克锐，鄢哲明，杨志明 . 能源和环境绩效评价方法的最新研究进展 [J]. 环境经济研究，2018，3（01）：113–138.

[45] 汪莹，蒋高鹏，刘佳 . 基于网络数据包络分析的煤矿开采与环境治理效率评估 [J]. 中国矿业大学学报，2018，47（02）：421–428.

[46] 张吉雄，张强，巨峰，等 . 深部煤炭资源采选充绿色化开采理论与技术 [J].

煤炭学报，2018，43（02）：377-389.

[47] 王慧，马越 . 金融支持山西省煤炭产业转型的探讨 [J]. 西部皮革，2017，39（24）：22.

[48] 任仰辉，李瑞峰，杨青，等 . 神东集团煤炭资源高效回收经验分析 [J]. 煤矿开采，2017，22（06）：100-103.

[49] 曹健，黄庆享 . 煤炭转型期的环境保护和绿色发展 [J]. 西安科技大学学报，2017，37（06）：779-783.

[50] 杜伟 . 煤炭产业转型中的金融支持 [J]. 河北金融，2017（11）：59-63.

[51] 乔永璞，储成君 . 可持续发展基金、污染累积与长期经济增长 [J]. 经济问题探索，2017（11）：134-140.

[52] 顾亚雯 .PPP 模式在电力项目管理中的运作分析 [J]. 经贸实践，2017（19）：176.

[53] 邹友峰，陈俊杰，张子月 . 矿山开采沉陷类项目基金资助现状与学科发展方向展望——基于国家自然科学基金资助的视角 [J]. 河南理工大学学报（自然科学版），2017，36（06）：1-7.

[54] 缪海宾 . 大型露天煤矿绿色开采理论与评价方法 [J]. 煤矿安全，2017，48（09）：230-233.

[55] 赵明，赵春梅 . 金融支持煤炭行业去产能面临的困难与对策——以西乌旗地区为例 [J]. 北方金融，2017（08）：102-103.

[56] 吴文娟，闫瑞琼 . 环境污染责任保险在美国的发展情况及对我国的启示 [J]. 时代金融，2017（21）：214，222.

[57] 李东印，刘文超，王伸 . 煤矿设计科学产能形成机制探讨 [J]. 煤炭学报，2017，42（S1）：1-6.

[58] 宋子岭，祁文辉，范军富，等 . 大型露天煤矿绿色开采评价体系研究 [J]. 安全与环境学报，2017，17（03）：1177-1182.

[59] 朱学义 . 供给侧改革下煤炭矿区土地资源资本化运作研究 [J]. 会计之友，2017（12）：2-6.

[60] 朱伟铭 . 基于 PPP 模式的资产证券化设计研究 [D]. 杭州：浙江大学，2017.

[61] 蒋睿 . 基于新能源环境下我国煤炭工业发展的研究 [J]. 内蒙古煤炭经济，2017（09）：18-19.

[62] Zhang R, Cui YX, Dong JH. *Studyon Coal Miningand Utilization Modeland Elastic Developmentin Post-Industry Age* [A]. 2017：6.

[63] George E H, GeorgeJ P. *Adynamic game with feedback strategies for interna lizingex ternalities* [J]. Economic Analysisand Policy，2017，55.

[64] 创新科技管理　引领绿色发展——神华神东煤炭集团榆家梁煤矿 [J]. 中国煤炭工业，2017（04）：2–3.

[65] 盛国梁 . 公用事业项目融资及其路径选择——基于 BOT、TOT、PPP 模式之比较分析 [J]. 统计与管理，2017（03）：102–103.

[66]973 计划（2013CB227900）“西部煤炭高强度开采下地质灾害防治与环境保护基础研究”项目组 . 西部煤炭高强度开采下地质灾害防治理论与方法研究进展 [J]. 煤炭学报，2017，42（02）：267–275.

[67] 鞠建华，强海洋 . 中国矿业绿色发展的趋势和方向 [J]. 中国矿业，2017，26（02）：7–12.

[68] 温良 . 金融支持煤炭行业转型发展问题探究 [J]. 内蒙古煤炭经济，2017（02）：20–21.

[69] 孙文博 . 金融支持我国煤炭产业发展 [J]. 中外企业家，2016（35）：14.

[70] 宋子岭，范军富，祁文辉，等 . 露天煤矿绿色开采技术与评价指标体系研究 [J]. 煤炭学报，2016，41（S2）：350–358.

[71] 潘建国 . 发展循环经济打造能源企业绿色基地 [J]. 中国煤炭工业，2016（12）：19–21.

[72] 王家臣，刘峰，王蕾 . 煤炭科学开采与开采科学 [J]. 煤炭学报，2016，41（11）：2651–2660.

[73] 陈磊，王应明 . 基于环境绩效视角的交叉效率评价方法 [J]. 系统工程学报，2016，31（05）：700–709.

[74] 田瑞云 . 神东矿区煤炭资源安全高效绿色开采技术综述 [J]. 煤炭工程，2016，48（09）：11–14.

[75]G20 部长会议：中国将大力推进能源结构战略调整 [J]. 资源节约与环保，2016（08）：7.

[76] 朱文婷，林爱梅 . 科学采矿理念下我国大型煤炭企业经营效率研究 [J]. 中国煤炭，2016，42（08）：15–19.

[77] 胥丽娜 . 基于 MFA 与 DEA 模型的环境效率评价方法 [J]. 统计与决策，2016（12）：77–80.

[78] 张伟，张金锁，刘杰 . 基于演化博弈的煤炭资源绿色开采监管策略研究 [J]. 西安科技大学学报，2016，36（03）：349–355.

[79] 赵林林 . 基于数据包络分析（DEA）的能源与环境效率研究 [D]. 合肥：

中国科学技术大学，2016.

[80] 谭梅，韩丽丽，宋华岭，等 . 煤炭资源整合主客体三方协调博弈关系分析 [J]. 中国矿业，2016，25（04）：35–39.

[81] 司春彦，雷涯邻，李宪海 . 政策网络视角下我国煤炭地区绿色发展政策设计 [J]. 中国矿业，2016，25（03）：53–57，69.

[82] 高天用 . 我国煤炭金融衍生品发展现状分析及趋势探讨 [J]. 现代营销（下旬刊），2016（01）：82–83.

[83] Kenneth M.Mathu, Caren Scheepers. *Leading change towards sustainable green coal mining* [J]. Emerald Emerging Markets Case Studies, 2016, 6(3): 561–569.

[84] 辛晓天 .PPP 模式促进公用事业项目发展机制研究 [J]. 天津经济，2016（02）：57–60.

[85] 武文全 . 金融助力山西煤炭行业脱困问题探析 [J]. 时代金融，2015（36）：42–43.

[86] 胡丽娜，薛阳 . 我国煤炭企业管理创新体系研究——以神东煤炭集团为例 [J]. 山东工商学院学报，2015，29（06）：49–56.

[87] 吴悠，马向平，张光进 . 我国煤炭资源可持续性供给水平综合评价探究 [J]. 中国矿业，2015，24（08）：26–32.

[88] 倪玉安，郭继圣 . 绿色开采框架体系的煤与瓦斯共采技术 [J]. 煤炭工程，2014，46（10）：50–53.

[89] 张学民，张潆文 . 我国煤炭资源绿色开采及其建议 [J]. 中国国土资源经济，2014，27（09）：25–28，43.

[90] 王斌 . 我国煤炭能源困境分析及建议 [J]. 中国矿业，2014，23（05）：6–8.

[91] 汪文生，郭佳，陈丽丽 . 基于 DEA 模型的我国煤炭企业技术创新效率研究 [J]. 中国煤炭，2014，40（02）：47–51.

[92] 赵淑芹，刘倩 . 基于 DEA 的矿产资源开发利用生态效率评价 [J]. 中国矿业，2014，23（01）：54–57，103.

[93] 刘辉，李志翠 . 我国西部工业环境效率与经济效率的差异研究——基于 DEA–SBM 模型与 DEA–CCR 模型的比较分析 [J]. 西部论坛，2013，23（06）：90–96.

[94] 杨俊哲，陈苏社，王义，等 . 神东矿区绿色开采技术 [J]. 煤炭科学技术，2013，41（09）：34–39.

[95] 秦红正 . 试论煤炭资源开发与环境保护的思考 [J]. 资源节约与环保，2013（07）：250–251.

[96] 程晓娟，韩庆兰，全春光 . 基于 PCA–DEA 组合模型的中国煤炭产业生态效率研究 [J]. 资源科学，2013，35（06）：1292–1299.

[97] 胡美纯 . 国有煤炭企业转变经济发展方式的机制和调控政策研究 [D]. 湘潭：湖南科技大学，2013.

[98] 徐君，马栋栋，高厚宾 . 国内外煤炭企业发展低碳经济的研究述评 [J]. 工业技术经济，2013，32（04）：152–160.

[99] 王玉秋 . 煤炭资源的"绿色开采"[J]. 煤炭技术，2013，32（03）：89–91.

[100] 李富有 . 能源产业结构调整与金融支持的互动机制研究 [D]. 西安：西安交通大学，2013.

[101] 牛苗苗，杨树旺 . 中国煤层气产业化动力系统分析 [J]. 中国国土资源经济，2013，26（01）：43–46.

[102] 杨承雨，龙琴 . 经济转型发展中煤炭金融服务体系研究——基于山西煤炭行业分析 [J]. 会计之友，2012（33）：52–53.

[103] 牛苗苗 . 中国煤炭产业的生态效率研究 [D]. 武汉：中国地质大学，2012.

[104] 张志利，卢鑫 . 煤炭资源生态开采关键技术研究及应用 [J]. 煤炭工程，2012（10）：15–16，19.

[105] 赵军伟，郭敏，赵恒勤 . 矿产资源开发利用效率评价构想 [J]. 中国矿业，2012，21（08）：60–63.

[106] 孔凡贵 . 煤矿绿色开采技术的应用及前景 [J]. 山东煤炭科技，2012（04）：278–279.

[107] 谢和平，王金华，申宝宏，等 . 煤炭开采新理念——科学开采与科学产能 [J]. 煤炭学报，2012，37（07）：1069–1079.

[108] 许晗 . 基于金融视角的国内煤炭企业交易制度管理体系构建 [J]. 煤炭技术，2012，31（07）：273–275.

[109] 曾德宏 . 多群体演化博弈均衡的渐近稳定性分析及其应用 [D]. 广州：暨南大学，2012.

[110] 李永东 . 关于煤炭资源型企业调结构转方式的几点思考 [J]. 中国煤炭，2012，38（04）：21–23.

[111] 江武 . 安徽省与山西省煤炭企业效率比较研究 [D]. 合肥：合肥工业大学，2012.

[112] 胡威 . 资产证券化的运行机理及其经济效应 [J]. 浙江金融，2012（01）：

62–66，72.

[113] 周静波 . 演化博弈论的基本方法及应用 [J]. 中国城市经济，2012（03）：234–236.

[114] 赵国浩，卢晓庆 . 煤炭开采综合效益模型及其应用 [J]. 资源科学，2011，33（10）：1924–1931.

[115] 王军 . 基于信息技术的煤炭企业现场管理精益生产模式研究——以神华神东煤炭集团大柳塔煤矿为例 [J]. 科技进步与对策，2011，28（13）：125–128.

[116] 董军，曾博，张建华 . 基于聚类数据包络分析模型的可再生能源发电项目综合评判决策 [J]. 可再生能源，2011，29（03）：90–95，103.

[117] 常帅帅，刘金平 . 基于博弈论视角的煤炭企业实施绿色开采动力分析 [J]. 能源技术与管理，2010（06）：138–141.

[118] 肖韶峰 . 低碳经济发展的制度安排——基于对政府与企业的博弈均衡分析 [J]. 西南民族大学学报（人文社会科学版），2010，31（12）：147–151.

[119] 赵文，胡琨，卞亦文 . 大规模指标下的环境效率评价方法研究 [J]. 统计与决策，2010（18）：36–38.

[120] 刘建庄，王作棠，黄温刚，等 . 浅谈煤矿绿色开采技术 [J]. 矿山机械，2010，38（18）：73–76.

[121] 许尽峰，孙宇博 . 矿井绿色开采物流系统模型研究 [J]. 金属矿山，2010（09）：38–40，76.

[122] 田立波，刘帆，陈忠良 . 中国煤炭资源绿色开采技术进程与现状 [J]. 能源技术与管理，2010（04）：140–142.

[123] 林勇，许秀丽 . 基于数据包络分析的区域全要素能源效率分析 [J]. 生态经济，2010（08）：60–62.

[124] Deniz Mamurekli. *Environmental impacts of coal mining and coal utilization in the UK* [J]. Acta Montanistica Slovaca, 2010, 15（2）: 134–144.

[125] 陈斌，张有乾，艾聪 . 基于绿色开采的绿色矿山建设 [J]. 山西焦煤科技，2010，34（06）：50–53.

[126] 章平 . 有限理性下的策略行为互动：演化博弈理论与应用 [J]. 未来与发展，2010，31（03）：117–119，41.

[127] 马旭东 . 演化博弈论在制度变迁研究中的适用性分析 [J]. 中央财经大学学报，2010（03）：78–82.

[128] 梁美健 . 煤炭企业安全投资保障机制及其系统动力学分析 [J]. 中国安全科学学报，2010，20（01）：125–131，158，180.

[129] 刘勇，李志祥，李静 . 环境效率评价方法的比较研究 [J]. 数学的实践与认识，2010，40（01）：84–92.

[130] 孙元春，尚彦军 . 煤矿绿色开采与沙漠综合治理的互补性 [J]. 煤炭学报，2009，34（12）：1643–1648.

[131] 邹伟进，胡畔 . 政府和企业环境行为：博弈及博弈均衡的改善 [J]. 理论月刊，2009（06）：161–164.

[132] 缪协兴，钱鸣高 . 中国煤炭资源绿色开采研究现状与展望 [J]. 采矿与安全工程学报，2009，26（01）：1–14.

[133] 王文宾 . 演化博弈论研究的现状与展望 [J]. 统计与决策，2009（03）：158–161.

[134] 杨阳，荣智海，李翔 . 复杂网络演化博弈理论研究综述 [J]. 复杂系统与复杂性科学，2008，5（04）：47–55.

[135] 李宇红，赵二帅，关忠诚 . 两种改进的超效 DEA 模型 [J]. 中国管理科学，2008（05）：153–156.

[136] 赵峰华，周安祥，秦世平 . 浅谈山西省煤炭资源的可持续供给 [J]. 中国矿业，2008（08）：12–15.

[137] 岳宗洪，张明清，周锡德，等 . 煤矿绿色开采技术及煤层气资源化 [J]. 煤炭工程，2008（03）：64–65.

[138] 陈军，成金华 . 中国非可再生能源生产效率评价：基于数据包络分析方法的实证研究 [J]. 经济评论，2007（05）：65–71.

[139] 刘玥，路正南 . 浅析演化博弈论与制度分析的关系 [J]. 北方经济，2007（12）：6–7.

[140] 许家林，钱鸣高 . 绿色开采的理念与技术框架 [J]. 科技导报，2007（07）：61–65.

[141] 钱鸣高，曹胜根 . 煤炭开采的科学技术与管理 [J]. 采矿与安全工程学报，2007（01）：1–7.

[142] 王红玉 . 资产证券化的结构性研究 [D]. 北京：对外经济贸易大学，2006.

[143] 卞亦文 . 基于 DEA 理论的环境效率评价方法研究 [D]. 合肥：中国科学技术大学，2006.

[144] 钱鸣高 . 绿色开采的概念与技术体系 [J]. 煤炭科技，2003（04）：1–3.

[145] 钱鸣高，许家林，缪协兴 . 煤矿绿色开采技术 [J]. 中国矿业大学学报，2003（04）：5–10.

后记

本书以煤炭企业作为研究对象，梳理了双循环背景下煤炭企业转型发展研究领域的现状，从国内外现有的研究来看，目前煤炭企业转型发展的研究仍然较少，研究未达到成熟的阶段。本书从理论和实证两个方面对煤炭企业转型发展进行了研究，通过质性研究找到了煤炭企业转型发展战略选择的影响因素，通过理论推导和文献研究明确了煤炭企业转型发展的类型，通过实证分析验证了煤炭企业绿色低碳发展战略与企业绩效之间的作用关系，通过对影响因素、战略类型与企业绩效的关系进行的初步探讨，形成了具有一定系统性的煤炭企业转型发展战略选择研究。在后续的研究中，还需要进行更深层次的研究和分析。本书尚存在一些局限和不足，而这些局限和不足，也正是未来在该领域进行研究时，可以重点考虑的选题内容。

在本书的写作过程中，单位同事给予了大量的帮助，既提供了翔实的数据资料，也帮忙进行校对和审稿。同时，也感谢家人们为我们的无私付出，我们才能在工作之余完成书稿的写作。